LIDERAR
É SIMPLES
(MAS NÃO É FÁCIL)

Almirante
William H. McRaven

autor do best-seller ARRUME A SUA CAMA

LIDERAR
É SIMPLES
(MAS NÃO É FÁCIL)

AS LIÇÕES DO HOMEM QUE CHEGOU AO POSTO MAIS ALTO DOS SEAL, A ELITE DA MARINHA AMERICANA

Tradução de André Fontenelle,
Antenor Savoldi Jr., Renato Marques

intrínseca

Copyright © William H. McRaven, 2023
Este livro foi publicado mediante acordo com Grand Central Publishing, uma divisão do Hachette Group, Inc., EUA. Todos os direitos reservados.

TÍTULO ORIGINAL
The Wisdom of The Bullfrog

PREPARAÇÃO
João Guilherme Rodrigues

REVISÃO
Caíque Pereira
Carolina M. Leocadio

REVISÃO TÉCNICA
Lenilton Araújo

DESIGN DE CAPA ORIGINAL
Jarrod Taylor

DIAGRAMAÇÃO
Tanara Vieira

CIP-BRASIL. CATALOGAÇÃO NA PUBLICAÇÃO
SINDICATO NACIONAL DOS EDITORES DE LIVROS, RJ

M148L

McRaven, William H. (William Harry), 1955-
    Liderar é simples (mas não é fácil): as lições do homem que chegou ao posto mais alto dos SEAL, a elite da marinha americana / William H. McRaven; tradução André Fontenelle, Antenor Savoldi Jr., Renato Marques. - 1. ed. - Rio de Janeiro: Intrínseca, 2023.
    160 p.; 21 cm..

    Tradução de: The wisdom of the bullfrog
    ISBN 978-65-5560-631-7

    1. Liderança. 2. Comunicação. I. Fontenelle, André. II. Savoldi Jr., Antenor. III. Marques, Renato. IV. Título.

23-84356   CDD: 658.4092
                        CDU: 005.322:316.46

Gabriela Faray Ferreira Lopes - Bibliotecária - CRB-7/6643

[2023]
Todos os direitos desta edição reservados à
EDITORA INTRÍNSECA LTDA.
Av. das Américas, 500, bloco 12, sala 303
22640-904 – Barra da Tijuca – Rio de Janeiro – RJ
Tel./Fax: (21) 3206-7400
www.intrinseca.com.br

*Este livro é dedicado a minha esposa,
Georgeann, que me guiou nos momentos
difíceis da vida e me acompanhou
em todas as aventuras. Eu te amo!*

ÍNDICE

Introdução		9
Capítulo um	Antes da desonra, a morte	15
Capítulo dois	Confiança não se inventa	23
Capítulo três	Quando no comando, comande	29
Capítulo quatro	Todos temos nossos bonecos de sapo	37
Capítulo cinco	O único dia fácil foi ontem	45
Capítulo seis	Corra em direção à ação	51
Capítulo sete	*Sua sponte*	59
Capítulo oito	Quem ousa vence	65
Capítulo nove	A esperança não é uma estratégia	73
Capítulo dez	Nenhum plano sobrevive ao primeiro contato com o inimigo	79
Capítulo onze	Vale a pena ser um vencedor	85
Capítulo doze	Um pastor deve cheirar como suas ovelhas	93
Capítulo treze	Inspecione a tropa	101
Capítulo catorze	Se houver inspeção, não haverá decepção	111
Capítulo quinze	Comunique-se, comunique-se, comunique-se	119
Capítulo dezesseis	Em caso de dúvida, sobrecarregue	129
Capítulo dezessete	Você consegue ficar diante da grande mesa verde?	135
Capítulo dezoito	Tenha sempre um companheiro de mergulho	141
Conclusão		149
A sabedoria do homem-rã		157
Agradecimentos		159
Sobre o autor		160

INTRODUÇÃO

Parado na entrada do Centro de Treinamento Básico de Demolição Subaquática (BUD/S) dos SEAL,[1] fica um monstro reptiliano de um metro e oitenta de altura, meio homem, meio peixe, com olhos pretos esbugalhados e mãos e pés com membranas. Com as brânquias se projetando para fora e um longo tridente de três pontas em uma das mãos, ele tem uma placa em volta do pescoço que diz ENTÃO VOCÊ QUER SER UM HOMEM-RÃ! Tal "monstro da lagoa Negra" desafia todos os alunos que atravessam o deck e chegam ao Grinder — como é conhecida a superfície de concreto e asfalto na qual, pelos seis meses seguintes, você enfrentará centenas de horas de exercícios de calistenia, constrangimentos infindáveis de guerreiros endurecidos pela batalha e dores físicas e mentais de um tipo que você nunca enfrentou. A esse desafio, acrescente horas de mergulhos arrepiantes oceano adentro, quilômetros e quilômetros de corridas na areia fofa, pistas com obstáculos brutais e a exaustiva Semana Infernal.

---

[1] SEAL é a Força de Operações Especiais da Marinha dos Estados Unidos, e seus soldados são conhecidos pelo mesmo nome (do inglês, *Sea, Air and Land*, por atuarem no mar, ar e terra). (N. de T.)

Trinta e quatro anos depois que comecei o treinamento no BUD/s, fui consagrado como o *Bullfrog*[2] — o homem-rã e SEAL da Marinha mais antigo em atividade. Ao longo de quase quatro décadas de serviço, aprendi muito do que era preciso para ser um anfíbio e liderar uma equipe dessa categoria. Mas também tive a honra de liderar inúmeras outras equipes: Boinas Verdes, Rangers, pilotos da Força Aérea e operadores de Táticas Especiais, Marine Raiders, soldados de infantaria, oficiais de navios e submarinos, profissionais de inteligência e aplicação da lei, funcionários públicos, médicos, pesquisadores, técnicos, alunos e professores. De aspirante a almirante de quatro estrelas a chanceler da Universidade do Texas, cada dia, cada semana, cada mês, cada ano e cada década trariam novas lições de liderança. Algumas foram fáceis, outras muito dolorosas, mas todas tiveram seu valor, e todas serviriam para que eu pudesse lidar com os desafios que a vida apresentava.

Mas a liderança nunca é fácil, não importa se você é aspirante ou almirante. Mesmo aqueles que parecem carregar o fardo da liderança com facilidade muitas vezes têm dificuldades. Carl von Clausewitz, o grande general do século XIX que escreveu *Da Guerra*, livro definitivo sobre o tema, disse certa vez que "tudo na guerra é simples, mas as coisas simples são difíceis".

Em 2009, enquanto retornava ao Afeganistão, eu estava lendo uma revista de política externa. Havia dois artigos escritos por alguns acadêmicos da Costa Leste. Neles, os professores explicavam como os militares dos Estados Unidos simplesmente não entendiam a melhor maneira de vencer aquela guerra. E,

---

[2] Durante o primeiro ano, dividi o posto com meu grande amigo, o comandante Brian Sebenaler, até sua aposentadoria em 2012.

de forma bastante condescendente, escreveram que bastava os militares construírem estradas para ligar as aldeias aos distritos. Então, com mais estradas, eles poderiam conectar os distritos às províncias e, por fim, estas à capital. Construir todas essas estradas permitiria que os afegãos prosperassem e fossem fortes o suficiente para derrotar o Talibã. *Tudo o que os militares precisavam fazer era construir estradas.* Ora essa, não me digam! Como não pensamos nisso? Bem, acontece que nós pensamos, sim! É que é difícil construir estradas quando as pessoas estão atirando em você e tentando explodi-lo. E isso, caro leitor, também integra a natureza da liderança. Tudo a respeito dela é simples, só que as coisas mais simples são difíceis. Seria fácil dizer: "Sejam pessoas de grande integridade", ou "Lidere da linha de frente" ou "Cuidem de suas tropas", mas fazer é difícil. Por quê? Porque somos humanos, e cada um de nós tem falhas, fraquezas e deficiências que podem afetar a forma como lideramos. *Mas, por mais difícil que seja a liderança, ela não é complicada.*

Sua definição mais simples é: "Executar uma tarefa com as pessoas e os recursos dos quais dispõe enquanto mantém a integridade de sua instituição." Um bom líder sabe como inspirar quem está sob seu direcionamento e como administrar as pessoas e os recursos necessários para executar a tarefa. Mas liderar não é *apenas* fazer o trabalho; trata-se também de manter ou promover a reputação de sua instituição. Quantas vezes lemos sobre programas de atletismo que se destacavam em uma universidade, mas, durante o percurso, acabaram sendo pegos em algum escândalo? Ou sobre uma instituição financeira que rendeu muito dinheiro aos acionistas, mas acabou falindo porque violou a lei? Se, como líder, você levou ao fracasso a instituição sob sua liderança, então você falhou — ponto-final. Repito: a liderança é difícil, porém não é complicada. Liderar de forma bem-sucedida não depende de um gráfico sofisticado, de uma fórmula de cálculo ou um algoritmo complexo, mas, de fato, requer alguma orientação.

Então como podemos simplificar a natureza complexa da liderança? Bem, por milhares de anos, os militares confiaram em lemas, crenças, parábolas e histórias para inspirar, motivar e orientar líderes e seguidores. Tais ditados servem para reforçar certos comportamentos, mas também como estímulo à memória, provocando uma resposta condicionada e uma onda de inspiração que ajudam a direcionar ações individuais em meio à incerteza.

Servindo às Forças Armadas, confiei muito nessas palavras para guiar minhas ações. Sempre que tinha uma decisão difícil a tomar, eu me perguntava: *"Você consegue defender isso diante da grande mesa verde?"* Desde a Segunda Guerra Mundial, as mesas de conferência usadas nas salas de reuniões militares são construídas com tábuas de madeira e estreitas, cobertas com feltro verde. Sempre que um procedimento formal exigia vários oficiais para julgar uma questão, os oficiais se reuniam ao redor de mesas como essa. O sentido do ditado era simples. Se você *não* conseguia apresentar um bom argumento para os oficiais sentados ao redor da grande mesa verde, deveria reconsiderar suas ações. Toda vez que eu estava prestes a tomar uma decisão importante, fazia-me a pergunta: "Consigo ficar diante da grande mesa verde e estar tranquilo quanto a ter tomado todas as decisões corretas?" Essa é uma das perguntas mais fundamentais que líderes devem se fazer — e o velho ditado me ajudava a lembrar quais passos deveriam ser dados.

Mas existem outros lemas e ditados com o mesmo poder. Os Rangers do Exército norte-americano usam o *Sua Sponte* (do latim, "por vontade própria"); o Serviço Aéreo Especial Britânico, "*Quem ousa vence*"; e o mantra dos SEAL, "*O único dia fácil foi ontem*". Todos esses ditados têm uma história conhecida que levou os líderes da época a tomarem certas decisões importantes. Frases como essas inspiraram a ação no calor da batalha e fortaleceram a determinação do líder para motivar as tropas.

Esses ditos não são apenas palavras, são orientações nascidas da experiência, da prova de fogo, e, na maioria das vezes, foram escritas com sangue. Palavras dignas de serem lembradas enquanto tentamos determinar nossa resposta a um problema.

Sendo assim, neste livro reuni dezoito desses ditados que me guiaram ao longo da carreira: lemas, parábolas, credos e histórias que me foram úteis quando eu começava uma nova missão ou enfrentava um desafio de liderança especialmente difícil.

Os dezoito capítulos aqui presentes são uma mistura de qualidades pessoais e ações profissionais. Todo líder deve demonstrar certas qualidades em sua vida pessoal caso espere exercer uma boa liderança. Mas um caráter forte por si só não é suficiente para o sucesso. Como líder, é preciso definir um plano, comunicar sua intenção, inspecionar seu progresso, responsabilizar as pessoas (e a si mesmo). Juntas, as qualidades e as ações são os alicerces dos grandes líderes.

O caminho para se tornar o *Bullfrog* não foi fácil, e nenhuma estrada para o topo é simples. Ainda assim, espero que, nestas páginas, você encontre a sabedoria que tornará seu caminho até lá muito mais fácil.

CAPÍTULO UM

Antes da desonra, a morte

A coisa mais trágica do mundo é um ser humano genial que não é um ser humano honrado.
— GEORGE BERNARD SHAW

Honra. Parece uma palavra estranha no vocabulário dos dias atuais. A honra de um cavalheiro. A honra de uma dama. Honrar pai e mãe. O honorável juiz fulano de tal. Por milhares de anos, no entanto, a palavra "honra" teve significado. Teve valor. Foi — e ainda é — algo considerado primordial para ser quem se é. Você honra sua família sendo um ser humano virtuoso? Honra seu país servindo em tempos de necessidade? Você honra sua fé agindo com piedade e reverência?

Diz a lenda que a frase "Antes da desonra, a morte" surgiu com os estoicos gregos, que prefeririam morrer a comprometer seus valores. Mais tarde, Júlio César passou a ser citado pela frase: "Amo o nome da honra mais do que temo a morte." Ainda havia os samurais do Japão, tão imersos na tradição da honra que viviam preparados para morrer em vez de desonrar o serviço prestado ao imperador. Já nos tempos modernos, o Corpo de Fuzileiros Navais dos Estados Unidos adotou de modo não oficial o ditado "Antes da desonra, a morte" depois que o lendário sargento John Basilone tatuou o lema em seu braço esquerdo.

Ao longo dos milênios, infelizmente existiram homens e mulheres que usaram da "honra" como disfarce para serem absolutamente inescrupulosos e vis. Mas a verdadeira honra — fazer a coisa certa pelas razões certas — é a base de uma grande liderança. Com ela, seus colegas vão seguir você através das provações e dificuldades de sua missão. Sem ela, porém, nada que você realizar terá valor duradouro. E, se você desonrar sua empresa, sua família, seu país ou sua fé, então seu legado de liderança estará contaminado para sempre.

Ao me aproximar do púlpito no Grande Salão da Academia Militar dos Estados Unidos, foi impossível não ficar impressionado com os cadetes diante de mim. Vestidos de forma imaculada em uniformes cerimoniais cinza, com seus inúmeros botões de latão e listras douradas, ali estavam os melhores militares do país: rapazes e moças que se ofereceram para se juntar ao Exército durante um período de guerra, sabendo que, ao fazerem isso, provavelmente enfrentariam conflitos durante seus anos de serviço.

Ao redor da sala, havia lembranças dos soldados notáveis que os precederam: Grant, Pershing, Eisenhower, Patton e MacArthur. Os símbolos do compromisso dos Estados Unidos da América com os valores de Dever, Honra e Pátria estavam ali, expostos nas paredes.

Era 2014 e, como comandante de Operações Especiais dos Estados Unidos, fui convidado para ser orador no evento da 500ª Noite, uma festa de gala que marcava os últimos quinhentos dias antes da formatura dos terceiranistas de West Point. Não sendo formado pela academia, nem mesmo um oficial do Exército, fiquei muito honrado por ter a oportunidade de discursar para eles. Ao meu discurso, dei o título de "A perspectiva de um marinheiro sobre o Exército". Afinal, após passar os doze anos de guerra anteriores servindo ao lado de alguns soldados notáveis, pensei que poderia trazer um pouco de perspectiva para aqueles jovens cadetes. Uma perspectiva não influenciada pela cor do meu uniforme de serviço.

Comecei deixando explícito que o Exército no qual ingressavam não era mais o Exército do Hudson, o Exército dos livros de história nem o Exército retratado nos inúmeros murais em todo aquele *campus*. Aquele era o Exército de hoje, com os problemas de hoje, com os soldados de hoje; soldados esses que precisavam de uma liderança real. A liderança parece simples nos livros, argumentei, mas, na vida real, é bastante difícil. E é difícil porque se trata de uma interação humana, e nada é mais assustador, mais frustrante e mais complexo do que tentar liderar pessoas em tempos difíceis. Os oficiais que fazem isso bem são os que ganham respeito, porque, infelizmente, fazer malfeito é lugar-comum.

Escolhi as últimas palavras com cuidado porque, no início do dia, havia passado pelo Código de Honra do Cadete, gravado em vidro em uma parede de pedra que adornava a sede da academia. O código é simples, mas incrivelmente poderoso. Diz:

"Um cadete não deve mentir, trapacear, roubar nem tolerar quem o faça."

Abaixo do Código de Honra está a missão de West Point, a Academia Militar dos Estados Unidos: não produzir gênios do nível de Patton, generais de quatro estrelas ou presidentes para o país, mas sim "líderes de caráter". E o Código de Honra oferece a base desse caráter. O código apela a jovens que aspirem "viver acima do nível comum da vida".

Viver acima do nível comum da vida significa: ter nobreza quando outros podem não ter princípios; ter honra quando outros podem ser indecorosos; ter integridade quando outros podem recorrer à desonestidade. O que descobri ao liderar e ser liderado por grandes oficiais de todos os ramos de serviço foi a importância do caráter e de ter um código de honra pessoal que possa nos orientar nos momentos difíceis.

Quando vemos generais caírem, quando suas fraquezas se tornam públicas e suas falhas de caráter são reveladas, é fácil acreditar que esse código nada mais é do que algumas palavras ocas para inspirar jovens facilmente impressionáveis. É fácil se fartar da feiura da vida e tornar ao cinismo quando nossos heróis tropeçam. Mas não se engane; para se tornar um grande líder, você deve ter um código de conduta pessoal que seja uma âncora para suas decisões e ações. Uma âncora que, quando você se desvia de seu caminho, o prende a um bom lugar de retorno. E a maioria de nós desviará em algum momento. Somos todos humanos. Tomamos decisões ruins. Agimos de forma estúpida. Temos arrependimentos. No entanto, ainda assim todos devemos lutar — e lutar com grande esforço — para sermos honrados.

Quando entrei para as equipes SEAL em 1978, todos os operadores eram veteranos do Vietnã. Eles eram durões, ácidos, irreverentes e, às vezes, insubordinados, contudo ainda havia um senso de nobreza que moldava seu caráter. Embora tivessem enfrentado uma guerra difícil e desagradável que, ocasionalmente, testou sua humanidade, aqueles homens entenderam a necessidade de serem íntegros, honrados.

Assim como seus antecessores no Vietnã, os SEAL também enfrentam as próprias trevas, mas o *padrão de conduta* continua excepcionalmente alto. Em 2005, os SEAL modernos codificaram esse padrão de conduta no ethos dos SEAL da Marinha como um todo, que diz, em um trecho:

> Eu sirvo com honra dentro e fora do campo de batalha... Integridade sem ressalvas é o meu padrão... Minha palavra é o meu vínculo.

O ethos dos SEAL espelha o código de conduta de muitas outras unidades militares. O credo dos Rangers do Exército norte-americano diz: "Eu sempre me esforçarei para defender o prestígio, a honra e a alta lealdade à equipe do meu Regimento de Rangers." Da mesma forma, o voto dos Boinas Verdes diz: "Eu me comprometo a defender a honra e a integridade [do legado dos Boinas Verdes] em tudo o que sou — em tudo o que faço."

Os Marine Raiders, elite dos fuzileiros navais, dizem: "Eu defenderei a honra do legado e do valor que me foram transmitidos. Sempre farei a coisa certa... E não trarei vergonha para mim ou para aqueles com quem sirvo."

Entretanto, é evidente que não são apenas os militares. A Lei das Escoteiras diz: "Farei o possível para ser honesta e justa... [e] tornar o mundo um lugar melhor." Por sua vez, o juramento dos escoteiros diz: "Por minha honra, farei o meu melhor... e [serei] moralmente correto." E acredito que o Juramento de Hipócrates original capta melhor do que qualquer outro a importância de um voto. Seu parágrafo final diz: "Enquanto eu mantiver este juramento fielmente e sem corrupção, que me seja concedido participar plenamente da vida... ganhando o respeito de todos os homens para sempre. No entanto, se eu transgredir este juramento e violá-lo, que o oposto seja meu destino."

Sempre há exemplos de pessoas bem-sucedidas que não têm escrúpulos, a quem falta a bússola moral, mas que, ainda assim, ganharam bilhões de dólares e alavancaram seus empreendimentos a patamares elevados. Mas, na maioria das vezes, essa falta de integridade, essa postura de prescindir do que é certo, pode resultar em uma cultura de trabalho tóxica, em falência ou até mesmo em tragédia pessoal.

Se você viola seu juramento, seu código de conduta, a decência básica com a qual deve conduzir sua vida e administrar seus negócios, então em algum momento perderá o respeito das pessoas a que serve, e *o seu destino será o oposto*.

Fazer o que é certo é importante, porque é o exemplo da liderança no dia a dia que cria a cultura da instituição e desenvolve a próxima geração de líderes. Se você é uma pessoa sem caráter, a cultura da organização refletirá isso e, como líder, você estará preparando a próxima geração de líderes para o fracasso.

Muitas vezes, ouço que é difícil saber a coisa certa a fazer. *Mas não, não é!* Sempre sabemos o que é certo; às vezes, só é muito difícil fazê-lo. Difícil porque talvez seja preciso admitir o fracasso. Difícil porque a decisão certa pode afetar seus amigos e colegas. Difícil porque você pode não se beneficiar pessoalmente ao fazer o que é certo. Sim, é difícil. E isso se chama liderança.

Ter um conjunto de princípios morais e ser uma pessoa íntegra são as virtudes mais importantes para qualquer líder. Nos termos mais simples, é seguir o Código de Honra de West Point: não minta, não trapaceie, não roube nem tolere quem o faça. Isso significa ser honesto com sua força de trabalho, seus clientes e o público. Seja justo em seus negócios. Siga a regra de ouro: trate as pessoas como gostaria de ser tratado por elas. Se isso soa um pouco Poliana ou como se você estivesse na catequese, tudo bem. Ser uma pessoa de alta integridade é o que separa os grandes líderes do lugar-comum.

Depois de quase quatro décadas como SEAL, tenho bastante consciência das minhas próprias deficiências e não sou hipócrita a ponto de dizer a você, leitor, como deve se comportar. No entanto, apesar dos muitos tropeços ao longo do caminho, sempre esteve claro que ter um conjunto de princípios me ajudou nos momentos mais desafiadores da minha vida e carreira.

Antes de dominar qualquer uma das outras leis da sabedoria, primeiro você precisa se esforçar para ser alguém com honra e integridade. É isso o que coloca grandes líderes acima do lugar-comum. Não será fácil. Nunca é. Mas também não é complicado.

É simples:

1. Aja com integridade e honra em seus negócios. É a única maneira de você e seus liderados deixarem um legado do qual se orgulhar.
2. Nunca minta, trapaceie, roube nem tolere quem o faça. A cultura da sua organização começa com você.
3. Assuma seus erros de julgamento. Acontece com todo mundo. Corrija o problema e retome seu bom caráter.

CAPÍTULO DOIS

Confiança não se inventa

Quando confiamos nas pessoas de forma justa
e completa, elas retribuem a confiança.
— ABRAHAM LINCOLN

Estacionei no pequeno lote em frente à sede da CIA. Vestindo meu uniforme azul-marinho, saí do carro, subi as escadas e entrei no grande prédio. Estampado no chão, o brasão da Agência Central de Inteligência (CIA, em inglês): um círculo com um fundo azul e, no meio, um escudo branco com a rosa dos ventos vermelha, acima do qual repousa uma águia com a cabeça virada para a direita. À minha esquerda estava a Memorial Wall, uma parede com 137 estrelas relembrando os oficiais da CIA mortos em serviço. Abaixo, o Livro de Honra com seus nomes. Ao longo dos anos, em todas as visitas que fiz à CIA, nunca deixei de ficar emocionado com a arquitetura de mármore simples do edifício e com cada uma daquelas estrelas representando um sacrifício.

Quando me aproximei do guarda, pude ver minha acompanhante de pé atrás da mesa, esperando eu passar meu crachá e acessar o ponto de entrada.

— Senhor, que bom vê-lo novamente — disse ela enquanto eu passava pela catraca. — O diretor está à sua espera no escritório.

Como comandante de uma unidade de Operações Especiais, eu estava de volta ao quartel-general da CIA para conhecer o novo diretor, Leon Panetta.

Viramos à esquerda em um pequeno corredor e entramos no elevador privado do diretor. Minha acompanhante apertou o botão e fomos direto para o sétimo andar, onde o elevador se abriu para a antessala de Panetta.

Lá, outro acompanhante me encontrou e indicou a sala de espera.

Ele sorriu, ofereceu uma xícara de café e disse educadamente:

— O diretor estará com o senhor em alguns instantes.

Enquanto aguardava, repassei em mente o que sabia a respeito de Leon Panetta. Filho de imigrantes italianos, nasceu e foi criado em Monterey, na Califórnia, em uma fazenda produtora de nozes. Frequentou a Universidade de Santa Clara e se formou em direito pela mesma instituição. Panetta passou um curto período no Exército e, depois, teve uma carreira incrivelmente distinta como congressista durante oito mandatos, diretor do Escritório de Administração e Orçamento e chefe de gabinete do presidente Bill Clinton. Ele era conhecido por sua risada contagiante, personalidade calorosa e intelecto incrivelmente aguçado. Por fora, um homem bastante sociável, e, em seu íntimo, muito decidido. Mesmo com toda a experiência em Washington, eu sabia que ser diretor da CIA era completamente diferente de tudo o que Panetta já fizera. Além disso, os militares e a CIA tinham uma relação de amor e ódio. Estávamos sempre competindo por recursos, missões, talentos. E eu estava prestes a descobrir de que lado desse relacionamento Leon Panetta se encontrava.

Poucos minutos depois, fui chamado ao seu escritório. Quando entrei, Panetta, com um grande sorriso no rosto, a mão estendida em amizade, disse:

— Leon Panetta, muito prazer em conhecê-lo!
— É um prazer conhecê-lo também, senhor diretor.
— Ah, por favor — disse Panetta. — Me chame de Leon.
Eu ri.
— Perdoe-me, senhor. Estou no Exército há muito tempo... Isso não vai acontecer.
Ele riu comigo.

Na sala, dispostos em um semicírculo informal, estavam todos os oficiais superiores da CIA. Panetta me indicou o primeiro da fila e o apresentou como diretor de operações (DDO). O DDO tinha um leve sorriso no rosto e um brilho nos olhos quando acenou para mim, gesto que retribuí. O seguinte na fila era o diretor de análise. Então Panetta me apresentou a cada um dos diretores regionais e funcionais. Fui cumprimentando a todos enquanto caminhava pela fila.

Feito isso, Panetta me convidou para sentar-me à sua mesa de reuniões.

— Obrigado novamente pela visita, Bill. Acho que a relação entre a CIA e seu comando é muito importante, e queria que você conhecesse minha equipe de lideranças sênior para que pudéssemos começar a criar um pouco de confiança uns nos outros.

— Obrigado, senhor — respondi. — Mas...

Eu hesitei em continuar.

— Mas... — O diretor de operações riu. — Bill e eu nos conhecemos desde 2003 em Bagdá.

Então o diretor do Centro de Contraterrorismo entrou na conversa:

— Bill e eu passamos um ano juntos no Afeganistão.

Em seguida, cada um dos diretores relatou nossas experiências anteriores juntos: Iêmen, Somália, Norte da África, Arábia Saudita, Kuwait, Egito, Paquistão e Filipinas.

— Então, eu sou o único que não serviu com você? — perguntou Panetta, caindo na gargalhada.

Eu sorri.

— Bem, senhor, a maioria de nós cresceu juntos lutando nesta guerra contra o terrorismo.

— Certo, certo. Está bem. — Panetta sorriu. — Não precisamos perder tempo com apresentações, então. Porque, quando chegar a hora, não teremos tempo para criar confiança.

Um ano depois, eu seria chamado de volta ao escritório de Panetta, mas dessa vez para ajudar a planejar o ataque que capturaria Osama bin Laden. O presidente Obama dera a Leon Panetta a tarefa de capturar ou matar o terrorista. A missão poderia facilmente ter ido para outra unidade da CIA, mas a decisão da CIA de usar as minhas Forças de Operações Especiais não aconteceu por acaso. A escolha foi resultado de anos trabalhando em conjunto, de anos construindo relacionamentos pessoais e profissionais, de anos conquistando a confiança uns dos outros. E, mesmo quando tínhamos disputas entre agências, que eram muitas, a CIA sempre acreditou que podia confiar em mim e em minha equipe.

Em 2014, aposentei-me do serviço militar e, em janeiro de 2015, tornei-me chanceler da Universidade do Texas. O sistema compreendia catorze *campi*, mais de 230 mil alunos e 100 mil funcionários. Como primeiro chanceler "não tradicional" (sem formação acadêmica), eu era um pouco suspeito para o corpo docente e o pessoal do sistema. Afinal, não tinha nenhum relacionamento anterior com nenhum dos diretores do *campus* e estava fora do Texas havia quase quarenta anos. Embora todos parecessem apreciar minha trajetória militar, ainda tinham dúvidas se eu era o homem certo para o cargo. Como em qualquer trabalho novo, eu sabia que precisaria ganhar a confiança deles. Mas, tendo passado tantos anos diante do mesmo desafio, eu tinha a fórmula certa. Chegue cedo. Trabalhe muito. Fique até tarde. Tenha um plano. Cumpra suas promessas. Compartilhe as dificuldades com seus liderados. Demonstre quanto você se importa. Admita seus erros. E — eu já mencionei? — trabalhe muito.

Em seu livro *A velocidade da confiança*, Stephen Covey diz que há dois componentes em que depositamos confiança: caráter e competência. Você pode inicialmente confiar em alguém se souber que é uma pessoa de caráter sólido. Todavia, se essa pessoa fracassa em cumprir suas promessas, se ela se mostra incompetente em lidar com os assuntos do negócio, depois de um tempo a confiança se esvai. Como líder, sua competência pode e será medida pelo seu comportamento pessoal, seu comportamento profissional, sua eficácia em lidar com problemas e pela sua consistência.

Para ser um grande líder é preciso que seus liderados confiem em você. Caso contrário, eles não o seguirão. Leva tempo para construir a confiança, mas é um tempo bem gasto se você pretende liderar com eficiência.

É simples:

1. Envolva-se com seus liderados em um nível pessoal para demonstrar que você tem bom caráter, é um indivíduo confiável.
2. Só prometa o que pode cumprir. A maneira mais rápida de perder a confiança é prometer muito e entregar pouco.
3. Saiba que confiança se constrói com o tempo. Não se apresse.

CAPÍTULO TRÊS

Quando no comando, comande

> A vida não é fácil para ninguém. Mas e daí? Devemos
> perseverar e, acima de tudo, confiar em nós mesmos.
> Devemos acreditar que temos dom para alguma coisa,
> e que essa coisa deve ser alcançada.
>
> — MARIE CURIE

Sentei-me com as costas retas e a cabeça erguida, ouvindo o tenente Jim McCoy, que circulava à frente da sala de aula dando uma palestra aos trinta aspirantes presentes. História Naval era um curso obrigatório para todos os candidatos a oficial calouro da Universidade do Texas. Começamos com a Guerra do Peloponeso, "cruzamos o T" com lorde Nelson na Batalha de Trafalgar, lutamos com o almirante Jellicoe na Jutlândia, lançamos o *USS Yorktown* na Batalha do Mar de Coral e agora estávamos nos preparando para um dos maiores combates navais da Segunda Guerra Mundial, a Batalha de Midway.

Era junho de 1942, apenas sete meses após o bombardeio em Pearl Harbor. A Marinha Imperial Japonesa, percebendo seu erro em não destruir a frota de porta-aviões dos Estados Unidos em Pearl, estava montando uma armadilha perto da ilha de Midway. Embora ficasse a 1.300 milhas náuticas de Oahu, Midway era uma base estratégica para os americanos. O almirante japonês Yamamoto acreditava que, se a Marinha dos Estados Unidos sentisse que a ilha estava ameaçada, mandaria seus navios de Pearl Harbor para proteger essa importante base. E ele tinha razão.

Yamamoto pretendia atrair os porta-aviões para a luta escondendo a maior parte de sua força naval, fazendo parecer que os americanos tinham vantagem numérica. O que Yamamoto não sabia era que os Estados Unidos haviam quebrado o código japonês e conseguido decifrar parcialmente o plano da Marinha Imperial. Mas, mesmo com esse plano parcial, havia muitas dúvidas quanto a se a Marinha dos Estados Unidos estava mesmo pronta para a luta. A Batalha do Mar de Coral quase destruiu o *USS Yorktown*, e o almirante mais experiente da Marinha, Bull Halsey, foi hospitalizado com uma inflamação na pele. A liderança militar em Washington era contra levar a frota para defender Midway, mas, em última análise, a decisão de enfrentar os japoneses lá ficaria com o comandante da Frota do Pacífico, o almirante Chester Nimitz.

O tenente McCoy pegou uma transparência e colocou-a no projetor. Ele apagou as luzes e, na tela, havia uma foto do almirante Nimitz. Ele tinha uma cabeça proeminente de cabelos brancos, olhos de um azul férreo fixados na distância e um sorriso fino e sério, tudo enquadrado em seu uniforme azul-marinho com as cinco listras douradas de um almirante de frota. McCoy nos disse orgulhosamente que Nimitz era de origem alemã, nascido e criado em Fredericksburg, no Texas, não muito longe de onde estávamos, Austin. Ele havia frequentado a Academia Naval dos Estados Unidos, graduando-se com honras.

McCoy fez uma pausa momentânea, imaginando se deveria contar a próxima parte da história de Nimitz. Ele continuou, explicando que, como um jovem oficial, o então guarda-marinha Nimitz estava no comando do contratorpedeiro *Decatur* quando este encalhou nas Filipinas, em 1908. Nimitz foi levado à corte marcial por negligência em serviço, mas só recebeu uma carta de repreensão, graças a seu desempenho estelar até aquele ponto. O personagem de Nimitz seria moldado pelo incidente do encalhamento nas Filipinas. Ele sabia que, com o comando, vem uma grande responsabilidade, mas também a necessidade de ser decisivo e aceitar que nem sempre se acerta. Nimitz serviria na frota de submarinos durante a Primeira Guerra Mundial e, depois, subiria na hierarquia para se tornar comandante da Frota do Pacífico na Segunda.

Na primavera de 1942, as informações da inteligência sobre as intenções japonesas em Midway eram pouco consistentes. Muitos nas próprias fileiras do almirante questionaram o benefício estratégico de tentar salvar Midway. Além disso, ainda mais oficiais temiam que a derrota americana significasse uma rápida vitória japonesa no Pacífico. As ramificações de uma decisão ruim eram calamitosas, mas a consequência da falta de uma decisão poderia ser um desastre total.

Nimitz revisou as informações da inteligência, consultou sua equipe e conversou com seus comandantes, mas a decisão final cabia a ele. Durante dias, angustiou-se com isso. O que aconteceria se ele estivesse errado? Milhares de marinheiros poderiam morrer. Outros milhares morreriam em combates em Midway e na sequência de ilhas que levam ao Japão. O destino de toda a Marinha americana, e talvez da nação estadunidense, dependia dessa decisão.

Diz a lenda que, durante uma conversa com o almirante Bull Halsey, Nimitz confessou seu temor. O peso da decisão sobre Midway era esmagador. Halsey, direto como era, lembrou ao almirante quanto à convicção pessoal de Nimitz.

— Certa vez você me disse: quando no comando, *comande*.

Foi o sinal de que Nimitz precisava. Ele entendeu que é esperado dos comandantes que tomem a decisão difícil. Que ajam com propósito. Que sejam confiantes e liderem tomando a dianteira. Que aceitem o desafio e se prepararem para as águas turbulentas que virão. Comandantes devem comandar. Comandar a situação. Comandar as tropas. Comandar seus medos. Assumir o comando.

Em 4 de junho de 1942, a Força Aérea Naval partiu do *USS Yorktown*, do *USS Enterprise* e do *USS Hornet* e enfrentou a frota japonesa em Midway. Nos dois dias seguintes, quatro porta-aviões japoneses foram afundados e os americanos perderam o *Enterprise*. Mas a história mostraria que a Batalha de Midway foi o combate naval mais decisivo da guerra e mudou a maré no Pacífico.

O tenente McCoy terminou a lição a respeito de Midway. Então, acendeu as luzes e olhou para a sala de jovens aspirantes vestidos com os seus uniformes navais brancos.

— Um dia — começou ele —, alguns de vocês podem ter a sorte de comandar. Talvez comandem um navio, um submarino ou um esquadrão. E, se esse dia chegar, vocês descobrirão que comandar é o momento mais recompensador, mas também o mais desafiador de sua carreira.

Em seguida, ele olhou pela janela e parou por um momento.

— Nunca esqueçam que, como comandante, é esperado que vocês liderem. Se forem escolhidos para o trabalho, aceitem com humildade, mas também reconheçam o fato de que vocês são bons, caso contrário não estariam comandando. — Ele sorriu. — Vai saber? Talvez algum dia um de vocês seja almirante e, como Nimitz, tenha a oportunidade de liderar nossos grandes marinheiros em tempos de guerra.

Todos nós rimos. Ainda na adolescência, lutando contra a acne e torcendo para superar o primeiro semestre da faculdade, a ideia de ser um almirante era a última coisa em nossas mentes.

Trinta e oito anos depois, como almirante de quatro estrelas e comandante de Operações Especiais dos Estados Unidos (SOCOM, na sigla em inglês), entrei em meu escritório em Tampa e encontrei uma nova mesa esperando por mim. Eu estava um pouco confuso, pois a mesa anterior parecia perfeitamente boa. Quando perguntei a respeito da troca, meu assistente administrativo, o sargento-mestre sênior Dana Hughes, sorriu e disse: "Bem, senhor, achamos que esta poderia ser mais adequada."

Perplexo, olhei novamente para a mesa. Era mais velha do que eu imaginava, uma grande mesa executiva de madeira maciça com painéis laterais em couro. Quando me aproximei, havia uma pequena foto emoldurada na borda. O homem na foto era inconfundível. Tratava-se do almirante Chester Nimitz. Aquela mesa tinha sido dele. O Arquivo da Marinha fizera a gentileza de emprestá-la ao SOCOM para ser usada por mim. Eu estava completamente incrédulo.

Nos três anos seguintes, sentei-me àquela mesa e, sempre que o dia parecia particularmente difícil, eu me lembrava de onde estava sentado. E, então, das vidas que estavam em jogo, das decisões que afetaram milhões de pessoas, da sensação de perda e de vitória que Nimitz deve ter sentido. E, nos dias em que me sentia indeciso, quando dava ouvidos aos meus medos, quando a preocupação ameaçava paralisar minhas ações, eu ouvia as palavras de Nimitz: "Quando no comando, comande!" Guiado por essas palavras, sempre tentei fazer o certo por aqueles que serviram comigo.

―――――――

Ser líder é difícil, seja você CEO, almirante, general, presidente ou diretor de um escritório de duas pessoas. Como líder, é necessário sempre aparentar estar no comando, mesmo nos dias em que estiver sob pressão. Você deve ser confiante. Deve ser firme. Você deve estar contente. Deve sorrir. Deve se relacionar com seus liderados e ser grato por seu trabalho. Você deve ter a imagem de uma pessoa responsável. E deve incutir em seus liderados um sentimento de orgulho e admiração, de que o líder *deles* é capaz de lidar com qualquer problema.

Como líder, você não pode ter um dia ruim. Você nunca deve aparentar derrota, não importa a circunstância. E, se ficar de mau humor, abaixar a cabeça, lamentar-se ou reclamar dos líderes acima de você ou dos seguidores abaixo no comando, perderá o respeito das pessoas, e o desespero resultante dessa quebra se espalhará como rastilho de pólvora.

Ser líder é uma responsabilidade incrível. Há dias em que pode ser assustador saber que o destino de toda uma organização está nas suas mãos. Mas tenha sempre em mente que você foi escolhido para essa posição porque provou seu valor ao longo do caminho. Porque demonstrou que conhece o negócio. Porque demonstrou que é capaz de lidar com as pressões e ser determinado. Porque exibiu todas as qualidades necessárias para ocupar tal posto. E, mesmo que nenhuma das opções acima seja verdadeira, agora que é o líder, você está no comando. Então, pegue o maldito leme e comande!

É simples:

1. Seja confiante. Você está nesse posto porque tem talento e experiência. Confie nos seus instintos.
2. Seja firme. Não escute conselhos dados pelo medo. Seja atencioso, mas não deixe a indecisão paralisá-lo.
3. Aja com paixão. Demonstre a seus liderados que você se preocupa com eles e com a missão.

CAPÍTULO QUATRO

Todos temos nossos bonecos de sapo

A verdadeira humildade não é um sentimento
abjeto, rastejante e de desprezo por si mesmo;
é apenas uma estimativa correta de nós
mesmos na forma como Deus nos vê.
— TRYON EDWARDS, teólogo norte-americano

O barco se aproximava rapidamente em minha direção, a proa criando uma esteira de espuma branca e agitando a água azul. Na pequena cabine, pude ver o timoneiro, seus olhos piscando entre mim e a pequena jangada inflável presa a bombordo da embarcação. Na jangada, outro homem, segurando um laço grosso de borracha, os braços estendidos prontos para me enlaçar quando o barco passasse a toda velocidade.

Vinte e cinco metros, e se aproximando.

O barco estava quase em cima de mim.

Eu podia ouvir o homem na jangada gritar: "Chute, chute forte, agora!"

"Chute, chute, chute", gritei para mim mesmo, meus pés de pato empurrando com força contra a água da baía.

Dez metros.

Cinco metros.

Agora, agora!

Dentro da jangada, pude ver o laçador se esforçando para me alcançar. Assim, chutando o mais forte que pude, enfiei meu braço no laço, e a velocidade do barco somada ao forte puxão do laço me jogaram para dentro da jangada. Tirando rapidamente meu braço para fora da tipoia, rolei para um lado da jangada e subi a bordo do barco. Logo atrás de mim, outro homem-rã foi arrancado da água e colocado na jangada. Em poucos minutos, todo o pelotão foi recuperado e estava a bordo do barco.

Aquilo era coisa de anfíbios de verdade. Lançamento e recolhimento em pequenas embarcações, assim como nossos antecessores haviam feito em Tarawa, Okinawa, Tinian e em inúmeras outras ilhas do Pacífico. E pensar que eu estava sendo pago para fazer aquilo.

Depois que terminamos o exercício, o barco-patrulha encostou no píer da Base Naval Anfíbia, em Coronado, e começamos a descarregar nosso equipamento.

— Ei, sr. Mac! Sr. Mac! — dizia uma voz familiar vinda do cais.

Era o suboficial Larry L. Jones, o oficial de maior graduação na oficina de comunicações.

— Ei, LL. O que foi?

— Senhor, o capitão quer vê-lo — informou-me ele, um pouco sem fôlego.

— Eu?

— Sim, você, senhor.

Eu nem fazia ideia de que o comandante sabia quem eu era. Como o novo guarda-marinha da Equipe Onze de Demolição Subaquática (UDT-11), tentava manter a discrição. Eu havia conhecido o capitão, apertado sua mão, e o vira em uma chamada ocasional dos oficiais, mas com certeza não via nenhum motivo para ele me escolher para qualquer coisa.

Mas, então, pensei... Eu estava causando uma boa impressão nos outros oficiais e nos alistados mais velhos. Levei meu treinamento a sério. Trabalhei pesado. Eu ralava nos testes físicos. Ficava até tarde. Escutava os veteranos experientes do Vietnã.

É, *talvez eu tivesse sido escolhido para algo especial.*

Corriam rumores de que estávamos planejando uma missão real. Talvez fosse isso! Talvez fosse uma missão para sequestrar algum terrorista dos Bálcãs. Talvez fosse um ataque-surpresa de nadadores em Vladivostok ou uma missão pelo litoral na Coreia do Norte para destruir uma estação de mísseis.

— Ok, LL. Mas, antes, preciso voltar para a base e colocar minhas calças cáqui.

— Não há tempo, senhor. O capitão disse que precisa se encontrar com o comodoro o mais rápido possível e que queria falar com o senhor agora mesmo.

— O comodoro?

O homem encarregado de todos os SEAL *e Anfíbios da Costa Oeste. O Grande Kahuna.* Só pode ser algo importante!

Então entramos no caminhão de Jones, aceleramos pela base naval, cruzamos a Rodovia 1 e entramos no complexo da UDT-11.

Tirando minha roupa de mergulho, ajeitei o cabelo para trás com a mão, enfiei a camiseta azul e dourada no calção de banho cáqui e adentrei o prédio da sede.

O estafeta do capitão levantou-se quando entrei.

— Guarda-marinha McRaven?

— Sou eu.

— Sente-se. Avisarei ao comandante que você está aqui.

Sentei-me no sofá marrom de couro sintético e olhei para as fotos na parede. Havia fotos da Segunda Guerra Mundial de homens-rãs limpando as praias das ilhas do Pacífico para os desembarques anfíbios; fotos de guerreiros com pés de pato, vestidos com grossos trajes de borracha impermeáveis, escalando as rochas em uma praia coreana; homens com máscaras de mergulho na cabeça e nadadeiras nos pés dando as boas-vindas à tripulação da Apollo 11 de volta do primeiro pouso na lua; e SEAL, com cartucheiras penduradas no peito, entrando na lama que chega até a altura dos ombros no Delta do Mekong. Eu fazia parte de uma força de elite e, cara, isso era bom!

O estafeta voltou.

— Senhor, o capitão vai vê-lo agora.

Arrumei meu cabelo molhado mais uma vez e entrei no escritório. Sentado atrás da mesa estava o comandante Bill Salisbury, o capitão da Equipe Onze de Demolição Subaquática. Um SEAL altamente condecorado da época do Vietnã, ele havia me recebido na equipe algumas semanas antes com um sorriso caloroso e um forte aperto de mão. Eu gostava do cara, embora não tivéssemos passado muito tempo juntos.

Chamei a atenção e anunciei:

— Senhor, guarda-marinha McRaven reportando conforme solicitado.

Salisbury sorriu. Meu entusiasmo de oficial júnior talvez fosse um pouco demais.

— Descansar, sr. McRaven.

— Sim, senhor — respondi, entrando em posição de descanso.

— O subcomandante me disse que você começou com tudo.

— Obrigado, senhor.

— Soube que está causando uma boa impressão na sala dos oficiais e no alojamento dos suboficiais.

Eu fiz que sim com a cabeça e me inflei de orgulho.

— Então, o comodoro me chamou hoje cedo e perguntou quem era meu melhor guarda-marinha.

Eu me inflei ainda mais — como se isso fosse possível.

— Ele quer que você faça uma coisa. E, se é importante para o comodoro, então é importante e ponto.

— Sim, senhor! — respondi, muito alto.

Aí vem, pensei. Uma missão. Foi por isso que passei pelo treinamento dos SEAL. Talvez algum dia eu esteja em uma daquelas fotos da antessala.

Salisbury fez uma pausa para efeitos dramáticos.

— Todos os anos, a cidade de Coronado realiza um desfile de 4 de julho. E faz muito tempo que não participamos — explicou.

Ok. Agora estou confuso. Devo ter perdido alguma coisa.

— Então, este ano, o comodoro quer desfilar com um grande boneco de sapo, e eu preciso que você se encarregue de construir a alegoria.

Ele sorriu.

— Um sapo alegórico? — perguntei.

— Sim, sabe como é. Precisamos de um grande Sapo Freddie, nosso mascote, verde, fumando um charuto, carregando um bastão de dinamite. O pessoal de Coronado vai adorar!

— Sim, senhor — respondi, com muito menos entusiasmo.

— Verifique com o oficial de logística. Ele pode conseguir todo o material necessário. Isso é tudo, sr. McRaven. Muito obrigado.

Fiquei parado, um pouco atordoado, enquanto Salisbury voltava a ler seu fluxo diário de mensagens.

Eu me virei lentamente e saí do escritório. Ao passar pelas fotos de missões na parede, de alguma forma duvidei que meu boneco de sapo algum dia estaria ali.

Frustrado, fui ao vestiário trocar de roupa para voltar ao trabalho. Enquanto estava sentado no banco, murmurando palavrões, ouvi uma voz profunda e rouca do armário atrás de mim:

— Qual é o problema, guarda-marinha?

Virei-me e dei de cara com o suboficial Hershel Davis, o mais sênior de nossa equipe irmã, a UDT-12. Davis era a personificação de um anfíbio — alto, magro, bronzeado, rosto corado, olhos de um cinza férreo e um bigode enorme. Ele tinha visto mais ação em combate do que qualquer outro grupo de dez homens que eu conhecesse.

— Nada importante, suboficial.

— Uhum — disse ele, em tom paternal, enquanto se sentava ao meu lado.

Por que me senti como se estivesse no confessionário?

Confessei.

— O comandante acabou de me chamar na sala dele e disse que quer que eu assuma o comando da construção... — Fiz uma pausa. — Da construção de um boneco de sapo para o desfile de 4 de julho.

— Hmm — resmungou o suboficial. — E meu palpite é que, em vez de fazer isso, você preferiria pular de aviões, bloquear submarinos ou sair em uma missão para salvar o mundo.

— Exatamente! — Mais uma vez, muito alto.

— Deixe-me dizer uma coisa, guarda-marinha. Estou neste nosso Clube de Canoagem há quase trinta anos. Mais cedo ou mais tarde, todos nós temos que fazer coisas que não queremos. Mas, se você vai fazer uma coisa, então faça direito. Construa o melhor sapo que puder!

E lá estava. *"Construa o melhor sapo que puder!"*

Durante o resto da minha carreira, pediram-me para construir muitos "bonecos de sapo". Pediram-me para fazer aquelas tarefas servis que ninguém mais queria, aquelas tarefas que pareciam abaixo da "dignidade da minha posição". Contudo, a cada vez eu me lembrava das palavras do suboficial sênior e tentava fazer o melhor que podia para sentir orgulho de qualquer tarefa que me fosse dada. Em minha trajetória, descobri que, quando nos orgulhamos dos trabalhos menores, as pessoas nos consideram dignos de realizar os trabalhos maiores.

Em 4 de julho de 1978, o boneco de sapo da UDT recebeu o prêmio máximo em sua categoria, e a foto da minha "primeira missão" ficou orgulhosamente pendurada no complexo UDT-11 ao longo dos anos seguintes.

É simples:

1. Seja humilde em seu modo de agir e em suas expectativas.
2. Aceite o fato de que terá que executar tarefas abaixo do seu status. Faça isso da melhor maneira possível.
3. Meça a força de seus liderados pela disposição de realizar pequenas tarefas e fazê-las bem.

CAPÍTULO CINCO

O único dia fácil foi ontem

Não basta acreditar em algo; é preciso ter a resistência necessária para enfrentar os obstáculos e superá-los.

— GOLDA MEIR, ex-primeira-ministra de Israel

O som do sino ecoou pela superfície de concreto do centro de treinamento. Um, dois, três toques enquanto o tom profundo de latão ricocheteava nos prédios e na consciência coletiva dos recrutas em seu treino matinal. Com o canto do olho, observei o suboficial Halliday tirar o capacete e colocá-lo na base do sino. O instrutor dos SEAL, vestido com uma camiseta azul e dourada, calção de banho cáqui e botas de selva verdes, disse algo ininteligível. Tudo o que ouvi foi Halliday gritando a plenos pulmões: "Hooyah, instrutor Faketty!" Faketty disse mais alguma coisa e Halliday se virou e correu de volta para o quartel. Nunca mais voltaríamos a ver Halliday. Com três badaladas de sino, ele havia acabado de desistir do treinamento SEAL.

Duas semanas antes, havíamos completado a Semana Infernal. Indiscutivelmente a semana mais difícil em qualquer treinamento militar, a Semana Infernal consiste em seis dias sem dormir, sofrendo assédio constante por parte dos instrutores e o tempo todo com frio, molhados e miseráveis. Como todos nós, Halliday havia experimentado a euforia de ter concluído aquele desafio extenuante. Ele sabia que, na história do treinamento SEAL, a maioria dos alunos desistia durante aquela semana. Mas ele conseguiu e, na cabeça dele, o restante do treinamento seria muito mais fácil. Já até podia ver sua formatura no horizonte. Conseguia imaginar o Tridente SEAL sendo colocado em seu peito. Ele sonhava em se juntar a uma equipe de elite de profissionais e viver a maior aventura de sua vida. Ele já conseguia sentir o gostinho de vitória. Sei disso porque, em meio à euforia, ele me confidenciou como via o futuro.

Mas Halliday falhou em se lembrar das palavras gravadas em uma grande placa de madeira pendurada atrás do estande de instrução de testes físicos. A placa dizia "O ÚNICO DIA FÁCIL FOI ONTEM". A frase se tornou o mantra dos SEAL desde que foi escrita pela primeira vez na parte de trás das camisetas usadas pela classe de treinamento SEAL de 1989. *O único dia fácil foi ontem.* As palavras são autoexplicativas, mas o significado é muito mais profundo. Essas palavras são uma advertência para qualquer recruta dos SEAL. Elas significam: "Se você acha que a parte difícil já passou, está enganado." Amanhã será tão difícil quanto hoje, talvez mais. Mas essas palavras também têm grande peso fora do treinamento. Para mim, elas foram o toque de clarim na alvorada, um lembrete de que todos os dias exigiriam o meu esforço total. Elas me lembravam de que nenhum dia seria fácil e de que, como líder, devo estar preparado para dar tudo de mim. Todos. Os. Dias.

Em 1986, o Congresso aprovou a Lei Goldwater-Nichols, que reorganizou o Departamento de Defesa, e, junto dela, veio a Emenda Nunn-Cohen, que estabeleceu o Comando de Operações Especiais dos Estados Unidos (USSOCOM, em inglês). Esses dois mandatos do Congresso mudaram para sempre as Forças Armadas e as Operações Especiais em particular. Um dos oficiais que lideraram o movimento para a criação do USSOCOM foi o capitão da Marinha Irve Charles "Chuck" LeMoyne. LeMoyne era um SEAL da época do Vietnã que havia chegado ao topo das fileiras; ele ajudou a conduzir o projeto de lei pelo Congresso e, depois, a implementá-lo na Marinha. Porém, o capitão tinha uma reputação dúbia entre as equipes. Não se encaixava no perfil dos SEAL do Vietnã. Em vez de falar alto e ser ríspido, LeMoyne era muito correto, de fala mansa, discreto, mas determinado.

Após a criação do USSOCOM, LeMoyne foi promovido a almirante e foi o primeiro comandante do Comando Naval de Guerra Especial. Ele foi o primeiro SEAL a ocupar o cargo de almirante dentro da comunidade SEAL. Tenho certeza de que ele esperava que seus dias mais difíceis tivessem ficado para trás. Mas, em vez de se contentar com sua estrela de almirante, LeMoyne reorganizou completamente os SEAL e as unidades especiais de embarcações, preparando a equipe para o sucesso a longo prazo. Foi uma tarefa monumental, que veio com críticas constantes tanto de dentro quanto de fora da comunidade SEAL. Mas, em todo o meu tempo com o almirante Chuck LeMoyne, eu nunca o vi frustrado, nervoso ou abatido. Não importavam os desafios que enfrentasse, ele sempre era o homem no comando. Ele entendeu que todos os olhos estavam sobre ele e que, não importavam as circunstâncias, ele tinha a responsabilidade de manter a imagem positiva.

Depois de ser promovido a almirante de duas estrelas, Chuck LeMoyne foi diagnosticado com câncer na garganta, possivelmente resultante de sua exposição ao Agente Laranja no Vietnã. No entanto, em vez de se aposentar ou desistir de ajudar os SEAL, ele dobrou a aposta. Quando suas cordas vocais foram removidas e ele precisou de um aparelho eletrônico de fala, continuou falando em público. Como membro sênior ativo dos SEAL, LeMoyne era o *Bullfrog* na época, e lembro que cada discurso começava com uma piada sobre sua "voz rouca", aprimorada digitalmente. Quando perguntei a ele uma vez como conseguiu seguir em frente apesar do câncer, ele sorriu, colocou o aparelho de fala no pescoço e disse: "O único dia fácil..." Ele não precisou terminar a frase.

Infelizmente, em 1997, Chuck LeMoyne faleceu aos 57 anos. Ele nunca chegou a perceber totalmente o impacto que teve nos SEAL da Marinha, nas unidades especiais de embarcações de hoje e naqueles jovens oficiais que, como eu, viram-no liderar com graça, humildade, humor e coragem.

Anos depois, em 2002, quando eu servia na Casa Branca sob o comando do presidente Bush, o comandante dos SEAL da Costa Leste me convidou para uma conferência. Como era de praxe de uma reunião dos SEAL, começávamos cada dia com uma hora de exercícios, seguida de uma longa corrida. Tendo sobrevivido a um grave acidente de paraquedas em 2001, meu corpo ainda não havia se recuperado, e tentar fazer qualquer treinamento físico era, na melhor das hipóteses, um desafio. Mas, então, pensei em Chuck LeMoyne e soube que ele não desistiria por causa de um pequeno desconforto. Sendo assim, eu me preparei e me juntei ao grupo para o treino físico matinal. Começamos com a série tradicional de flexões, abdominais, contagens de agachamentos e abdominal-tesoura. Todos os exercícios eram muito difíceis para mim, mas tentei resistir. Terminado o treino, começamos uma corrida de dezesseis quilômetros.

Todos os meus colegas SEAL começaram a correr. Eu só consegui acompanhar os primeiros cem metros e, depois, comecei a ficar para trás. Em questão de minutos, já nem conseguia mais ver o pelotão. O percurso foi de cinco voltas em um trecho de três quilômetros do parque estadual. À medida que os minutos passavam e eu avançava devagar, o primeiro corredor, um jovem tenente SEAL, começou a me ultrapassar. Diminuindo a velocidade momentaneamente, porém, ele parou ao meu lado e, sabendo do meu acidente de paraquedas, lançou-me um olhar penetrante e confuso.

— Senhor, o que você pensa que está fazendo? — perguntou.
— Como assim? — respondi.
Ele balançou a cabeça e disse:
— Senhor, por que você está aqui? O senhor não precisa provar mais nada.

Antes que eu pudesse responder, ele se afastou e correu à frente.

Na época, eu era um capitão SEAL da Marinha. Já havia completado meu Comando Maior, um marco importante na carreira de um oficial, e, para esse jovem tenente, eu não tinha mais nada a provar. Mas o que eu queria dizer a ele — o que eu queria gritar com toda a força — *era como ele estava errado*.

O dia em que você já não acreditar que tem algo a provar, o dia em que já não acreditar que deve dar tudo de si, o dia em que você achar que tem direito a um tratamento especial, o dia em que achar que todos os seus dias difíceis ficaram para trás, será o dia em que você já não é mais a pessoa certa para liderar.

Liderança requer energia. Requer resistência. Requer resiliência. Requer tudo o que você tem e ainda algo mais. Quem trabalha para você se alimentará de sua energia. Se você parecer despreparado para lidar com os desafios do dia a dia, eles vão perceber. Se parecer abatido porque hoje foi mais difícil do que ontem, eles vão sentir. Se não estiver preparado para dar tudo de si, eles vão saber. E, se você pensa que isso serve apenas para líderes em combate, está enganado. Serve para toda grande liderança que recebeu uma tarefa difícil e a missão de inspirar, motivar e gerenciar as pessoas sob sua responsabilidade.

Mas isso não quer dizer que todos os dias devem esgotá-lo. Ser um grande líder não significa que é preciso ter força sobre-humana. Significa apenas que você deve reconhecer que isso exigirá um esforço diário, e que alguns dias você simplesmente não vai conseguir. E tudo bem. É normal. Mas então, no dia seguinte, ou no próximo, retome de onde parou. Você só fracassará como líder quando achar que hoje vai ser mais fácil do que ontem.

É simples:

1. Ofereça energia e entusiasmo todos os dias.
2. Você não tem direito a nada além de trabalhar muito duro. Seus liderados estão pegando pesado no trabalho e recebendo menos do que você.
3. Encare cada dia como se ele fosse crucial para o sucesso da organização.

CAPÍTULO SEIS

Corra em direção à ação

As grandes corporações americanas não foram fundadas por pessoas comuns, mas por aquelas com inteligência extraordinária, ambição e agressividade.

— DANIEL PATRICK MOYNIHAN,
político e sociólogo norte-americano

Paris é linda no outono. As árvores ao longo da Champs-Élysées começam a mudar de cor. A manhã está fresca e o aroma de café forte e dos doces franceses assando paira no ar. À noite, a Torre Eiffel se ilumina, e multidões de pessoas de todas as idades se aconchegam sob suas grandes vigas de aço em busca de calor e companhia. Há essa aura mágica em Paris, especialmente quando se pensa nela estando no Afeganistão.

Eu estivera sonhando com Paris havia meses e tiraria alguns dias de folga das operações, tempo suficiente para voar para a

França e voltar. Minha esposa, Georgeann, e minha filha, Kelly, marcaram de se encontrar comigo lá e, depois de seis meses longe delas, eu estava ansioso para revê-las. Então ouvi uma batida na porta.

— Entre — gritei, do outro lado da sala revestida de madeira compensada.

A porta da minha pequena barraca de alojamento foi aberta e o coronel encarregado das operações de combate da noite entrou.

— Senhor, desculpe incomodá-lo, mas tivemos um acidente envolvendo civis e a situação não parece boa.

— Pegue uma cadeira — falei.

O coronel pegou um mapa e algumas fotos aéreas e as colocou sobre a mesinha do meu quarto. Nos minutos seguintes, ele delineou as ações e os objetivos que levaram às baixas civis. Ele estava certo; a situação não era nada boa. Perder civis nunca é fácil — pessoas inocentes que se viram no fogo cruzado ou foram confundidas com membros do Talibã ou da Al-Qaeda. Você tenta dizer a si mesmo que é a natureza da guerra, mas isso nunca torna as coisas mais fáceis. Trata-se de pessoas reais que sofreram perdas reais. Nada alivia a dor — nem a deles, nem a nossa.

— Senhor, o general foi notificado, e acho que nem preciso dizer que ele não está feliz. Eu disse à equipe dele que o senhor estava saindo amanhã, e ele pediu para falar com você esta noite antes da sua licença.

— Tudo bem. Providencie a ligação. Estarei no centro de operações em um instante.

Quando o coronel saiu, eu já sabia o que tinha que ser feito.

Peguei o telefone e, por meio da operadora militar, fiz uma ligação para casa, em Fort Bragg, na Carolina do Norte.

Quando o telefone tocou do outro lado, Georgeann atendeu logo de cara. Antes que eu pudesse falar, ela disse:

— Está tudo bem? Estamos muito ansiosas para encontrar você em Paris!

Fiz uma pausa. Ela soube antes mesmo que eu pudesse falar qualquer coisa.

— Você não vai, não é?

Respirei fundo e expliquei a situação. Não havia como eu sair naquele momento. Não havia como ir a Paris — não com a perda trágica de civis, quando a reputação da organização estava em risco, quando meus superiores e liderados esperavam que eu de fato liderasse, quando minha presença era necessária para enfrentar a crise. Eu sabia disso, e, depois de 35 anos de casamento, Georgeann também sabia. Já tínhamos passado por isso antes. Foi uma lição que aprendi muitas vezes em minha carreira. Quando as coisas vão mal, é hora de a liderança ser agressiva, ir até o cerne do problema e encarar a crise de frente.

A temperatura no início de julho de 1863 era sufocante. Os soldados do 20º Regimento de Infantaria do Maine estavam exaustos após dias de uma difícil marcha até uma cidadezinha na Pensilvânia chamada Gettysburg. Informações de inteligência indicavam que o general Robert E. Lee estava movimentando seu exército da Virgínia através do rio Potomac até a Pensilvânia, tentando bloquear a ligação das forças da União até a capital, em Washington.

Um pequeno contingente da União havia chegado alguns dias antes e se posicionado em McPherson's Ridge, um pedaço-chave do território a oeste de Gettysburg. Quando os primeiros confederados chegaram, ficaram surpresos ao ver que as tropas da União já mantinham resistência. Nos dois dias seguintes, tanto o Exército da União, então sob o comando do general George Meade, quanto o Exército confederado reforçaram suas posições em torno de Gettysburg, e as forças da União foram dispostas ao longo da escarpa elevada conhecida como Cemetery Ridge.

Cemetery Ridge se estendia das montanhas Culp ao norte, descendo o cume rumo ao sul, em direção aos dois picos chamados Big e Little Round Tops. Little Round Top era o flanco extremo à esquerda das linhas da União e o mais vulnerável aos ataques rebeldes. Se os confederados pudessem tomar Little Round Top, seriam capazes de varrer as linhas da União e derrotar o exército de Meade.

Em 2 de julho de 1863, a batalha havia começado, e várias tentativas das forças rebeldes de romper as linhas em Cemetery Ridge já haviam sido repelidas. A certa altura, para reforçar uma posição enfraquecida da União mais ao norte, o general John Geary moveu uma parte significativa de seus homens para longe de Little Round Top, deixando o flanco esquerdo bastante exposto. Quando Meade descobriu o erro, imediatamente enviou uma brigada da 1ª Divisão para reforçar suas defesas debilitadas.

Lee, no entanto, viu uma abertura e, antes que a brigada da União pudesse estar totalmente posicionada ao longo do cume, ordenou um ataque. Defendendo o Little Round Top estavam homens da 2ª tropa de atiradores de elite dos Estados Unidos, soldados do 16º Regimento de Michigan, 44º de Nova York e 83º da Pensilvânia, e, bem ao final do flanco esquerdo, estavam

386 soldados de infantaria do 20º Regimento do Maine sob o comando do coronel Joshua Chamberlain.

Chamberlain não era um soldado de excelência padrão. Pouco antes da guerra, ele tinha sido professor de língua moderna na Bowdoin College. Um indivíduo altamente sofisticado, culto e um pouco sedentário, ele era estudante de história militar e, quando a guerra começou, alistou-se como voluntário. Ele recebeu o comando do 20º Regimento do Maine, que não era considerado uma unidade exemplar do Exército. Na verdade, a maior parte da unidade era composta de soldados relutantes, amotinados e convocados de modo compulsório ao longo dos dois anos anteriores. Nos meses que se seguiram, Chamberlain fez tudo o que podia para colocar o 20º Regimento do Maine em forma para a batalha.

Em 2 de julho, uma força numericamente superior da divisão do major-general John B. Hood começou a atacar as tropas do Maine. Hood ordenou a seus soldados que encontrassem as tropas da União à esquerda, virassem e tomassem Little Round Top.

Conforme a batalha avançava e os soldados confederados pareciam prestes a derrotar o 20º Regimento do Maine, que era menor em tamanho, Chamberlain, de sua posição mais alta no cume, agarrou seu rifle e avançou para a linha de fogo. Ferido anteriormente por um projétil de canhão, ele mancou em direção aos seus homens, alinhou-se com a bandeira do regimento e gritou: "Baioneta! Avante para a direita!" Desse modo, executando uma manobra para o lado direito, os soldados do 20º Regimento do Maine fixaram suas baionetas e desceram a colina em direção à força rebelde que se aproximava. O nível de ferocidade e coragem demonstrado pelo regimento foi tão surpreendente que forçou os confederados a recuar, mantendo Little Round Top e o flanco esquerdo a salvo das forças da União.

Mais tarde, a história registraria que a liderança de Chamberlain naquele dia e a coragem dos soldados alistados do 20º Regimento do Maine salvaram as forças da União em Gettysburg. E, caso Meade tivesse sido derrotado em Gettysburg, é possível que o Sul tivesse vencido a Guerra Civil. Imagine como o mundo seria diferente hoje se Chamberlain não tivesse "corrido em direção à ação".

Infelizmente, nem todos os líderes entendem esse conceito de agir com rapidez para resolver o problema, de aceitar a responsabilidade e de se tornar o rosto da solução. Em abril de 2010, quando a plataforma petrolífera Deepwater Horizon explodiu no Golfo do México, matando onze homens e criando um dos maiores vazamentos de petróleo da história, a controladora demorou a reagir. O CEO permaneceu em Londres em vez de ir imediatamente para a Costa do Golfo dos Estados Unidos, onde ocorreu o problema. Pior ainda, embora o incidente tenha causado danos de bilhões de dólares e interrompido a vida de milhões de pessoas, o CEO minimizou sua magnitude, alegando que o derramamento tinha sido "pequeno" em comparação com um "oceano muito grande". Em vez de aceitar a responsabilidade e enfrentar o problema de frente, ele se irritou porque o desastre continuou em todas as manchetes e, mais importante para ele, começou a impactar *sua* vida. Em dado momento, ele disse a um repórter: "Sabe, eu gostaria de ter minha vida de volta." É desnecessário dizer que, à luz de todas as outras vidas arruinadas pela explosão, essa resposta alienada não caiu nada bem. Ele deixou o cargo de CEO logo depois.

Por que muitas pessoas relutam em ser o rosto da solução? Porque, se você vai ser o rosto da solução, isso provavelmente significa que você teve uma parcela de culpa no problema. Boas lideranças entendem que as organizações terão desafios. É por isso que você foi contratado para liderar. Abrace o desafio. Aceite o fato de que é preciso atacar todos os problemas com vigor e que, às vezes, só você, enquanto o líder, pode resolver as crises institucionais mais severas. Nunca se constranja. Nunca recue diante de um problema difícil.

Meu chefe no Afeganistão não ficou nem um pouco feliz com as baixas civis, nem deveria. Felizmente, ele era um grande soldado e compreendia os desafios do combate. Levou muito tempo para reconquistarmos a confiança dos superiores e, mais importante, a confiança dos civis locais e de nossos colegas afegãos. Mas o primeiro passo foi aceitar a responsabilidade pela tragédia e, depois, enfrentar o problema de forma agressiva. Correr em direção à ação é sempre arriscado, tanto pessoal quanto profissionalmente, mas se esconder do problema só vai piorá-lo. Muitas vezes, basta "preparar as baionetas" e atacar pela brecha identificada.

É simples:

1. Seja agressivo. Quando identificar um problema, aja imediatamente. É isso o que se espera de líderes.
2. Desloque-se para um local onde possa avaliar melhor a natureza do problema e forneça orientação e recursos necessários para resolvê-lo o mais rápido possível.
3. Comunique sua intenção a cada passo do caminho.

CAPÍTULO SETE

Sua Sponte

Iniciativa é fazer a coisa certa sem
precisar receber ordens.
— VICTOR HUGO

O Morro 205 parecia um local improvável para o surgimento de uma lenda do Exército. Depois do desembarque de MacArthur em Inchon, em 15 de setembro de 1950, as forças americanas começaram a derrotar o Exército norte-coreano, empurrando-os para bem além do Paralelo 38, quase no rio Yalu, na fronteira da China. Com o êxito estadunidense e o colapso norte-coreano, alguns especialistas acreditavam que a guerra não demoraria a acabar.

A vitória parecia iminente quando a 25ª Divisão de Infantaria pressionou em direção ao rio Kuryong, ao norte. Porém, para surpresa de MacArthur e das Forças Armadas dos Estados Unidos, a intervenção da China mudaria tudo. Em 25 de novembro de 1950, um pequeno contingente de Rangers foi direcionado para tomar e manter um pedaço vital de território logo ao sul do rio. Sem que eles soubessem, o 39º Exército chinês havia reunido uma enorme força para defender o morro.

Os Rangers, comandados pelo primeiro-tenente Ralph Puckett, começaram a avançar por um campo aberto, em direção à elevação batizada de Morro 205. À medida que os Rangers manobravam em direção ao morro, os chineses abriram fogo com morteiros, metralhadoras e artilharia de armas leves. Com seus homens completamente expostos, Puckett apelou à artilharia americana para eliminar as cargas de morteiros, mas os atiradores de metralhadoras e morteiros estavam camuflados nas trincheiras e eram difíceis de identificar. Ele tinha que encontrar um jeito de localizar os atiradores chineses para que os Rangers pudessem retornar o fogo com precisão.

Puckett, que tinha se posicionado na vanguarda do avanço dos Rangers, sabia que só lhe restava uma coisa a fazer. Num completo desapego pela própria vida, Ralph Puckett saltou de sua trincheira e precipitou-se em campo aberto, forçando os chineses a mirar no jovem tenente. Enquanto as metralhadoras começavam a disparar em Puckett, que corria, os Rangers localizaram suas posições e abriram fogo. Puckett retornava à trincheira apenas para recuperar o fôlego, pulava e corria em campo aberto, de novo e de novo. A cada arrancada de Puckett em terreno exposto, os Rangers conseguiam isolar e destruir mais atiradores inimigos.

Após eliminar a artilharia de armas leves, os Rangers prosseguiram rumo ao Morro 205. A história mostraria que, ao longo dos dois dias seguintes, os Rangers, sob o comando de Ralph

Puckett, repeliriam onda após onda de ataques chineses, os quais tiraram a vida de dez Rangers e feriram outros 31, entre eles Puckett. Por suas ações que levaram à captura do Morro 205, Ralph Puckett receberia a Medalha de Honra. Mais tarde, ele serviria no Vietnã, onde recebeu a segunda maior honraria nacional, a Cruz do Serviço Distinto, e duas Estrelas de Prata.

Anos depois, lembrando o heroísmo do tenente Puckett correndo em campo aberto, um de seus soldados disse: "Tinha que ser feito e precisava ser feito por alguém."

Os Rangers têm um lema em latim, *Sua Sponte*. Significa *por vontade própria*. Em outras palavras, fazer o que tem que ser feito, sem que lhe mandem fazê-lo. Existe essa ideia equivocada de que soldados apenas obedecem a ordens, mas a verdade é que o poder das Forças Armadas dos Estados Unidos vem do fato de que seus grandes soldados, seus líderes verdadeiramente grandiosos, fazem o que é certo sem precisar que ninguém lhes ordene. Essas pessoas fazem o que é certo para proteger seus liderados. Fazem o que é certo para honrar a reputação de sua unidade. Fazem o que é certo para honrar o país. Fazem o que precisa ser feito, tenham recebido ordens ou não. E é esse senso de iniciativa que separa os bons líderes dos verdadeiramente incríveis. Ninguém mandou Ralph Puckett correr sem proteção e de forma imprudente em campo aberto, *mas alguém tinha que fazer*.

Eu testemunhei esse grau de iniciativa várias vezes durante as guerras do Iraque e do Afeganistão. O Exército, a Marinha, a Aeronáutica e os Fuzileiros compreendem que a natureza da luta exige que generais e almirantes permitam aos jovens oficiais e recrutas tomar decisões difíceis em combate. Precisávamos delegar responsabilidades, porque não havia oficiais superiores em número suficiente para supervisionar todas as operações táticas. Sendo assim, precisávamos confiar que a tropa faria a coisa certa.

É sempre difícil para líderes mais graduados confiar nos subordinados para tomar decisões importantes, decisões que invariavelmente afetam o prestígio da unidade e da própria liderança. Mas, se você não criar uma cultura que permita à tropa agir por conta própria, ela ficará presa à indecisão, freando qualquer impulso de avançar.

No entanto, nem sempre a liderança se define por quem está no topo da cadeia de comando, e nem sempre é necessário estar no comando para liderar.

———

Era um dia típico em Honolulu: o céu sem nuvens, uma brisa tropical quente balançava ligeiramente as palmeiras e havia um tom majestoso de azul nas águas em torno de Ford Island. Como capitão da Marinha e "comodoro" do Comando Naval de Guerra Especial Grupo UM, eu precisei ir a Ford Island, no Havaí, em 1998, para a cerimônia de batismo de um prédio em homenagem ao tenente-comandante Moki Martin, um amigo íntimo meu. Moki nasceu e foi criado no Havaí, e teve uma carreira notável como SEAL da Marinha. Veterano do Vietnã, Moki era o homem-rã por excelência. Ao longo da carreira, foi um combatente altamente condecorado, perito em todas as armas do arsenal, paraquedista e mergulhador incrível, além de ser um atleta excepcional. Infelizmente, em 1983, Moki sofreu um acidente de bicicleta que o deixou paralisado do tórax para baixo. Seus últimos quinze anos de vida foram em uma cadeira de rodas.

O imenso hangar coberto no qual a cerimônia estava sendo realizada foi decorado com bandeirinhas vermelhas, brancas e azuis. As bandeiras dos Estados Unidos e do Havaí foram colocadas atrás do pódio, e mais de duzentos visitantes e membros dos SEAL estavam na plateia. Fileiras e mais fileiras de cadeiras foram alinhadas diante do pódio, e os SEAL e os marinheiros se perfilaram em uma formação compacta nos fundos do hangar.

Depois da pompa e circunstância de praxe, subi ao pódio para pronunciar meu discurso. Quando terminei, Moki se dirigiu até o microfone, o qual tínhamos posicionado para que ele pudesse falar sentado em sua cadeira de rodas.

Mas, no instante em que Moki abriu a boca, ficou evidente que os organizadores não tinham posicionado o microfone do modo correto. Nem as pessoas na primeira fila conseguiam escutar o que ele dizia. Então me dei conta de que teria que me levantar da cadeira, passar na frente das demais autoridades e reposicionar desajeitadamente o microfone. Moki estava apenas começando seus agradecimentos, mas, se eu não agisse logo, a plateia deixaria de ouvir seus comentários inspiradores.

No momento em que me levantei da cadeira, um jovem SEAL, em seu uniforme branco, saiu da formação e marchou diante dos duzentos convidados, indo até o microfone. Ele ficou em posição de sentido, prestou continência ao tenente-comandante Martin, ajustou o microfone, deu meia-volta e retornou à formação. Nem um único momento da fala de Moki foi perdido.

Ao fim da homenagem, aproximei-me do jovem SEAL e agradeci por ter agido prontamente. A resposta que ele me deu foi: "Senhor, algo tinha que ser feito e ninguém mais estava fazendo. Então achei que cabia a mim." Talvez essa tenha sido a melhor resposta sobre a verdadeira liderança que eu já ouvi. "Ninguém mais estava fazendo, então cabia a mim." Era a essência de *Sua Sponte*.

A verdadeira liderança nem *sempre* se trata de ser a pessoa encarregada durante uma crise existencial. Você não precisa ser Ralph Puckett, correndo por um campo aberto enquanto o inimigo tenta metralhar você. Às vezes, a verdadeira liderança trata-se apenas de fazer a coisa certa quando ninguém mais o faz. Afinal, quando se toma uma atitude espontaneamente, você dá o tom para a organização. Isso diz aos demais que, na empresa, a iniciativa é esperada e, se possível, recompensada. Isso dá um senso de empoderamento. Erros serão cometidos, e esses erros terão repercussões, mas... eu lhe garanto que os erros por ação têm consequências bem menos graves do que os erros por inação.

É simples:

1. Incentive uma cultura de proatividade, permitindo aos liderados que tomem a iniciativa e consertem problemas que exijam intervenção imediata.
2. Aceite o fato de que isso levará ao excesso de zelo e, ocasionalmente, a equívocos. O excesso de entusiasmo, porém, é melhor do que uma cultura de negligência.
3. Elogie quem tenta resolver problemas por conta própria, mesmo que os resultados não sejam os esperados.

CAPÍTULO OITO

Quem ousa vence

É melhor errar pelo lado da audácia
do que pelo lado da cautela.
— ALVIN TOFFLER, escritor e futurólogo norte-americano

Olhei para o relógio. Trinta minutos para o lançamento. A lata superalaranjada de um energético sobre a minha mesa já estava quase vazia. Tomei o último gole, fiquei de pé e comecei a andar rumo ao Centro de Operações Táticas (TOC, em inglês). O TOC era uma salinha sem janela repleta de enormes telas planas piscando com informações a respeito da missão daquela noite. Vinte pessoas estavam sentadas às mesas, olhando para as telas dos computadores e coordenando instruções de última hora. A sala vibrava com a atividade, mas ouvia-se pouquíssimo ruído. Ninguém sequer notou que eu tinha adentrado o local, o que era bom. Todos ali precisavam estar focados. Naquela noite ocorreria a maior missão da vida deles. Se falhássemos, teríamos que carregar o peso do fracasso pelo resto de nossos dias. Se acertássemos, seria um legado do qual nos orgulharíamos.

Tínhamos que acertar.

— Tudo certo, Chris. Está na hora — falei.

Chris Faris, meu sargento-mor de comando e praça mais sênior da organização, observava por cima do ombro de um dos analistas de inteligência. Ele fez um sinal com a cabeça para o jovem, deu-lhe um tapinha nas costas e foi até mim à porta.

— Caramba, esses caras são bons — comentou Faris.

— Bom, é melhor que sejam — respondi. — Muita coisa depende deles.

Faris e eu saímos do abafado prédio térreo de concreto, entrando no frescor da noite. O Afeganistão tem um cheiro característico quando a noite cai. O ar fica ao mesmo tempo fresco e limpo quando a brisa desce das montanhas para os vales. Apesar disso, há um odor inconfundível de vida humana — fumaça, suor, poeira, madeira — que rompe a pureza natural e desperta os sentidos.

Nossa base, em Jalalabad, era cercada de vida. Milhares de afegãos vivendo na cidade próxima, preparando suas refeições, cuidando de seus rebanhos e dando atenção a suas famílias. Para eles, o 1º de maio de 2011 era apenas mais uma noite. Mas, para aqueles de nós que fazíamos parte da Operação Lança de Netuno, era a noite em que esperávamos pegar Osama bin Laden.

Olhei de novo para o meu relógio de pulso. Vinte minutos até o lançamento.

Faris e eu saímos do TOC e atravessamos um jardim pontilhado de palmeiras pequenas e miradas e uma calçada de concreto fragmentado, até chegarmos a um espaço aberto em que os SEAL faziam os últimos preparativos antes de entrar nos helicópteros. Uma fogueira ardia, brilhante, e uma caixa de som próxima tocava música em alto volume. Quando me aproximei do agrupamento de homens fortemente armados, o comandante do esquadrão SEAL desligou o som e gritou para que todos se reunissem.

Não havia tensão no ar, apenas homens compenetrados preparando-se para realizar uma missão importante. Missão essa que todos sabiam que, triunfando ou fracassando, os definiria para sempre.

Os SEAL foram ficando quietos, olhando para mim. Fiz sinal a Faris para que dissesse algumas palavras. Ele estava em combate desde os dezoito anos. Entendia, melhor do que eu, o que passa pela cabeça de homens que se preparam para embarcar em helicópteros. Todos naquela formação conheciam o histórico de Chris. Ele havia recebido a Estrela de Prata pelo heroísmo durante o famigerado incidente que ficaria conhecido como Falcão Negro em Perigo. Havia servido na Bósnia. E, nos dez anos anteriores, lutara no Iraque com uma Força de Operações Especiais do Exército. Tinha conquistado o respeito dos SEAL, que o escutavam com atenção.

Embora estivéssemos em maio, a temperatura em Jalalabad tinha baixado o suficiente para justificar a fogueira. Faris se aproximou da valeta e repousou uma bota em cima de uma das pedras do entorno.

De porte médio, com cabelos pretos ondulados, maxilar quadrado e olhos escuros e penetrantes, Faris fez uma pausa, observando os 24 homens reunidos em volta dele. Então, olhou rapidamente para o chão, como quem organiza suas ideias.

— Cavalheiros, nossos colegas britânicos têm um lema. — Ele fez outra pausa, contemplando lentamente o semicírculo, de ponta a ponta. — Quem ousa vence. Hoje à noite, vocês agirão com imensa ousadia, e sei que sairão vitoriosos.

Quem ousa vence. Três palavras que resumem o espírito de todo grande comando, e três palavras que distinguem uma grande liderança de uma mediana.

Em 1942, um oficial britânico magrelo chamado David Stirling convenceu seus superiores de que um pequeno grupo de soldados comandos poderia atacar os tanques alemães do marechal de campo Erwin Rommel no norte da África, e assim causou um efeito devastador. Stirling batizou seus comandos como Serviço Aéreo Especial (SAS), para camuflar sua verdadeira missão. Depois de várias tentativas malogradas por terra e de paraquedas, Stirling enviou dezoito jipes armados com metralhadoras e iniciou ataques com eles aos depósitos de combustíveis e aeródromos alemães. Ao longo de 1942, Stirling comandou pessoalmente ataques-relâmpagos à retaguarda das linhas alemãs. Rommel chamou Stirling de "major-fantasma", devido à capacidade de passar por trás das linhas inimigas sem ser detectado. Stirling acabou capturado, fugiu e então foi capturado de novo, mas seus comandos SAS viriam a adquirir status de lenda no norte da África. Quando pediram que criasse um lema para a SAS, Stirling escolheu a frase em latim *Qui audet adipiscitur*: quem ousa vence.

Um dia antes do lançamento da missão Bin Laden, o presidente Barack Obama me telefonou no quartel-general de Bagram, no Afeganistão, para desejar boa sorte a mim e aos SEAL. A ligação dele me deixou mais contente do que ele poderia imaginar, porque eu compreendia a imensa pressão sobre seus ombros.

Ao longo dos sete meses anteriores, a comunidade de espionagem havia trabalhado para determinar se o homem alto que fazia caminhadas dentro do complexo de Abbottabad, no Paquistão, era Bin Laden. Porém, mesmo com todos os recursos à nossa disposição, não havia como verificar com certeza se "o Caminhante" era o arquiteto do 11 de Setembro. Isso significava que o presidente dos Estados Unidos teria que tomar uma decisão com informações insuficientes: a decisão de enviar 24 SEAL e 4 helicópteros a outra nação soberana, dentro de um complexo a 5 quilômetros da academia militar do Paquistão, a 5 quilômetros de um importante batalhão de infantaria e a 1,5 quilômetro de um posto policial. Se a decisão estivesse errada e o homem que caminhava dentro do complexo fosse apenas um paquistanês alto, seria o fim da carreira política de Obama. Ele carregaria o fardo do fracasso da missão pelo resto da vida. Sem contar a possibilidade de que vidas de ambos os lados fossem perdidas durante a missão. Era um risco enorme, mas um risco que o presidente sabia que precisava assumir. Eu admirei sua coragem — *Quem ousa vence* —, porém, mais do que isso, admirei sua inteligência de compreender a natureza dos riscos que estava correndo.

Graças aos incontáveis livros e filmes sobre os SEAL, existe a crença equivocada de que, quando nos é dada uma missão, simplesmente pegamos nossas armas e partimos para a ação. No roteiro dos filmes, não há espaço para mostrar todo o planejamento e preparação envolvidos em uma operação. Ninguém leria os livros se metade dos capítulos fosse sobre o processo de planejamento militar. Os leitores, o público, eles querem ação. Querem ver os atos de bravura, o heroísmo, o incrível drama que se desenrola em combate. Mas quem quer ver um monte de sujeitos com marca-textos e quadros brancos rabiscando um plano de ação detalhado?

Uma grande ousadia não significa assumir riscos desnecessários. Qualquer tolo pode ser leviano com a vida, o dinheiro e o futuro dos outros, seja nos negócios, seja em combate. Uma grande ousadia, na verdade, significa ter a audácia de ir além, de tirar vantagem de uma oportunidade onde outros recuariam diante do perigo. Mas a grande liderança sabe que precisa reduzir esse risco a um nível administrável, um que seja proporcional ao treinamento ou ao talento daqueles que estão executando a tarefa.

Nas três semanas que antecederam o ataque a Bin Laden, a equipe passou 75% do tempo planejando a missão. Dispúnhamos de vasta inteligência acerca das defesas aéreas integradas do Paquistão, acerca da polícia, das Forças Armadas, do terreno, da meteorologia e do complexo de Bin Laden. O plano que elaboramos tinha 165 fases, nas quais identificamos todos os requisitos de treinamento, todos os itens de equipamento necessários, todas as carências de informações e todas as ocorrências possíveis. Nós procuramos não deixar nada ao acaso, mesmo entendendo que o acaso e a incerteza fazem parte de toda missão. Quando não foi possível avaliar adequadamente o risco, por conta de informações incompletas (o complexo de Bin Laden estava minado? Ele teria uma rota de fuga subterrânea?), elaboramos planos para lidar com cada circunstância.

Em um momento da missão, o principal helicóptero Black Hawk MH-60 espatifou-se no complexo de Bin Laden, quando a sucção provocada pelas hélices criou um vórtex (um vácuo) acima do helicóptero, que o fez perder a sustentação. Porém, graças ao amplo planejamento que havia sido executado, tínhamos um helicóptero de reserva não muito longe. A queda de um helicóptero era um risco calculado, o qual tínhamos antecipado e para o qual estávamos preparados.

Uma vez completada a missão e sepultados os restos mortais de Bin Laden no mar, o mundo despertou com a notícia do júbilo nos Estados Unidos. A justiça tinha sido feita. O presidente foi merecidamente aplaudido por sua ousadia, sua disposição de assumir um risco diante de informações incertas. E, quando indagado sobre sua decisão, ele comentou que, embora o grau de confiança na presença de Bin Laden no complexo fosse de apenas 50%, ele tinha 100% de confiança nos SEAL, na tripulação dos helicópteros e nos profissionais de espionagem que estavam conduzindo a missão. A decisão do presidente de seguir em frente foi tão ousada quanto analítica.

Se examinarmos, ao longo da história, os mais audaciosos nos negócios, no entretenimento, no esporte, nas artes ou nas Forças Armadas, veremos que cada pessoa compreendeu que em cada risco existe uma oportunidade. A oportunidade existe porque o risco parecia elevado demais, e outros — aqueles sem confiança para seguir em frente — ficaram temerosos demais para se aventurar em determinado campo. Apesar disso, para cada indivíduo bem-sucedido existem dez mil insucessos. O que, então, separa os êxitos dos fracassos?

Em 1991, eu era aluno da Escola de Pós-Graduação Naval em Monterey, na Califórnia. Durante dois anos, trabalhei no desenvolvimento de uma teoria quanto às Operações Especiais. Eu queria saber por que as missões de Operações Especiais tinham êxito, apesar de serem de risco excepcionalmente alto. A ousadia sozinha bastava para que levassem a melhor? Seriam os comandos deles tão superiores ao inimigo que, portanto, estavam fadados a vencer o combate? Teriam eles uma tecnologia tão excepcional que lhes conferia uma vantagem esmagadora? No fim das contas, esses fatores são necessários, mas com certeza insuficientes para o sucesso. Em cada caso, *Quem ousa vence* teve que ser apoiado por *Quem planeja e se prepara vence*. Foi apenas mediante extenso planejamento e preparação que os líderes das Operações Especiais foram capazes de identificar os principais fatores de risco e elaborar alternativas para lidar com eles. Para quem olha de fora, os riscos pareciam enormes. Porém, para quem viveu de dentro, esses riscos eram administráveis.

Todo grande líder precisa demonstrar um senso de ousadia, pois a tropa não quer seguir alguém de espírito tímido. Líderes precisam se preparar para agir quando os demais estão vacilantes e receosos de fracassarem. Precisam abraçar o lema *Quem ousa vence*. No entanto, não devem confundir ousadia e audácia com impetuosidade e imprudência. Os primeiros são bons, e os últimos certamente resultarão em fracasso.

É simples:

1. Busque oportunidades para assumir riscos. Nenhuma grande liderança é tímida ou vacilante.
2. Diminua os riscos por meio de amplo planejamento e preparação.
3. Aprenda com seus erros e esteja pronto para assumir o próximo grande risco. Não deixe um fracasso isolado definir você.

CAPÍTULO NOVE

A esperança não é uma estratégia

O mais importante não é estabelecer
uma meta, e sim decidir como você vai
atingi-la e então seguir o plano.

— TOM LANDRY, treinador de futebol americano

A enorme tela de TV estava vergonhosamente encostada na parede, ainda esperando para ser fixada no concreto. No visor, dividido em várias telas, estavam vários oficiais superiores de toda a comunidade antiterrorismo de Washington. Meu superior, o general Stan McChrystal, chefe de sua unidade de Operações Especiais, estava ao meu lado na sala. Era em fevereiro de 2004, e McChrystal e eu tínhamos feito uma escala em Doha, no Catar, para uma videoconferência com nossos pares entre agências do governo.

— Nossa intenção é montar uma rede global de Operações Especiais e operadores de inteligência para fazer frente à rede que está sendo criada pela Al-Qaeda — disse McChrystal, olhando fixamente para a tela.

Ele fez uma pausa.

— Precisamos de uma rede para derrotar outra rede — ressaltou McChrystal, com ainda mais ênfase.

— Essa não é uma missão das mais fáceis — respondeu alguém.

— Não sei se conseguiremos autorização do nosso departamento — respondeu outra.

— Onde vocês vão arranjar tanta gente? — perguntou o representante do Pentágono.

— Não sei, Stan — disse um homem, balançando a cabeça.

McChrystal refletiu um pouco.

— Bem, nós não apenas temos a intenção de montar uma rede global, mas também precisamos que cada um de vocês nos forneça seu melhor pessoal, de modo que possamos criar uma força-tarefa interagências.

Eu observava em silêncio enquanto várias pessoas na tela faziam caretas e coçavam a cabeça.

— Veja, Stan, eu admiro o que você está tentando fazer. É uma visão incrível — comentou um dos homens mais sêniores —, mas não sei ao certo como você vai conseguir isso.

Os demais, nas outras telas, assentiram com a cabeça.

— Bem, estamos todos do seu lado — disse o oficial sênior, sem muita convicção. — E estamos na esperança de que dê certo.

Estamos *na esperança* de que dê certo. *Na esperança*.

Quando as telinhas se apagaram, McChrystal se levantou da cadeira, pegou uma canetinha, foi até o quadro branco e, juntos, começamos a mapear um plano. A *esperança* não seria nossa estratégia.

Até hoje, a origem da frase *A esperança não é uma estratégia* é motivo de debate. A primeira vez que a ouvi foi em 1985, quando era um jovem tenente dos SEAL. Na época, cometi o erro de dizer ao meu superior que, depois de todo o nosso planejamento e treinamento, tinha a esperança de que a missão desse certo. Ele me rebateu de imediato, dizendo que, se a minha estratégia era a esperança, então a missão provavelmente daria errado. Ele me mandou de volta para a sala de planejamento, para que eu me certificasse de que tinha abordado *todos* os fatores de risco. Há quem atribua a frase a Vince Lombardi. O técnico de futebol americano era o protótipo do mestre de obras, e não deixava nada ao acaso quando montava o plano de jogo dos Green Bay Packers. Em 2001, havia, nas livrarias, um best-seller de Rick Page intitulado *A esperança não é uma estratégia: As 6 chaves para conseguir vendas difíceis*. Era um livro de negócios, mas a lição para qualquer líder que tenha visão é a mesma: é preciso muita dedicação para transformar uma visão em plano. Um plano que tenha metas e métricas, e produza resultados. Para McChrystal, a esperança era importante para o êxito porque servia de inspiração para os soldados agirem, mas, sem o planejamento adequado, seria apenas um sonho.

Ao longo dos dias seguintes, McChrystal, auxiliado por sua equipe, elaborou a base para uma rede. Nós sabíamos de onde a Al-Qaeda operava. Conhecíamos seus nós logísticos, suas rotas de viagem, seus centros financeiros, seus postos de recrutamento; então precisávamos colocar uma pessoa em cada agência, cada embaixada, cada exército aliado, cada ponto de interseção onde a organização terrorista estivesse presente. Essas informações seriam reunidas e encaminhadas à nossa Força-Tarefa Conjunta Interagências (JIATF, em inglês), uma seleção dos melhores e mais brilhantes operadores especiais, especialistas em espionagem e profissionais de repressão que pudemos reunir.

Durante os cinco anos seguintes, Stan McChrystal montou uma das organizações militares mais eficientes da história dos combates de guerra. A rede de Operações Especiais criada por ele, juntamente de seus oficiais e suboficiais, perpassava todos os principais órgãos do governo estadunidense e a maior parte de nossos aliados de antiterrorismo. Não é exagero dizer que a força de McChrystal salvou a vida de milhares de norte-americanos e aliados; planos terroristas foram desbaratados, piratas foram desmantelados, ditadores foram derrubados e criminosos foram colocados atrás das grades, tudo porque McChrystal e sua equipe não confiaram na esperança como estratégia.

Parece óbvio que líderes precisam ter uma visão, elaborar uma estratégia e montar um plano para transformar tal visão em realidade. O conceito é simples, porém a execução é extremamente difícil. E é assim porque exige atenção plena do líder, e, como acontece com todos, existem centenas de distrações pelo caminho, diariamente. Em meu período no comando, descobri que líderes só conseguem realizar duas ou três missões maiores durante seu mandato. Quando se amplia demais a atenção, nada maior acaba sendo feito, porque só você consegue manter a tropa focada nas tarefas maiores. Apenas o líder pode assegurar que a força de trabalho, os recursos, o orçamento e a energia estejam direcionados para as missões mais importantes.

Nunca subestime o poder da esperança. É a esperança que inspira, é a esperança que motiva, é a esperança que empodera, e sem ela nada de valor pode ser realizado. Mas a esperança, por si só, é apenas um pensamento positivo. Junte a esperança com uma estratégia sensata, um plano detalhado e muita dedicação, e então nada estará fora do alcance.

É simples:

1. Tenha uma visão para *o que* você vai fazer. Torne-a ousada e inspiradora.
2. Tenha uma estratégia para *como* você vai fazer. Torne-a clara e concisa.
3. Tenha um plano que mostre *quem* é responsável e os detalhes da implementação. Todos esses detalhes precisam estar interligados.

CAPÍTULO DEZ

Nenhum plano sobrevive ao primeiro contato com o inimigo

Não é porque seu plano é bom que ele vai se realizar.
— TAYLOR SWIFT

O dr. Russ Stolfi caminhava para lá e para cá diante do telão retrátil, parando de vez em quando para mudar a transparência no projetor. Na casa dos sessenta e poucos anos, Stolfi era um homem alto, bem barbeado, com entradas na testa e um gosto por vestimentas militares que beirava o excêntrico. Especialista em guerras europeias, ele lecionava história militar na Escola de Pós-Graduação Naval de Monterey, na Califórnia.

Vestido com roupa de camuflagem verde, ele estava dando uma palestra para a turma de oficiais militares a respeito de um de seus temas favoritos: o general prussiano Helmuth von Moltke, o Velho. Não o confundam, berrou Stolfi, com o sobrinho dele, Helmuth von Moltke, o Jovem. Moltke, o Velho, foi chefe do Estado-Maior do Exército prussiano durante mais de trinta anos. Considerado por muitos um dos mais brilhantes estrategistas militares da história, Moltke revitalizou e modernizou as Forças Armadas Prussianas. Fiel às ideias de outro general prussiano, Carl von Clausewitz, Moltke dava ênfase à concentração em massa do Exército ao manobrar para destruir os inimigos. Igualmente importante foi sua percepção de que, para um exército moderno ser bem-sucedido, os generais tinham que abrir mão de parte do controle e colocar mais autoridade e decisões nas mãos dos subordinados. Tendo acabado de voltar da Operação Tempestade no Deserto, achei a discussão sobre a estratégia militar prussiana ao mesmo tempo fascinante e ainda relevante nos anos 1990.

Stolfi então acendeu a luz e desligou o retroprojetor.

— Muito bem, comandante McRaven — disse ele, com certa teatralidade —, qual é a lição mais importante que o senhor aprendeu hoje?

Refleti rapidamente sobre os tópicos que Stolfi tinha marcado com lápis de cera na transparência do retroprojetor. Tudo se tratava de axiomas da estratégia e da tática militares: a guerra é uma continuação da política por outros meios; a paz eterna é uma fantasia; para garantir a paz, temos que nos preparar para a guerra; o destino de toda nação depende de seu poderio. Eu precisava escolher um.

— A guerra é uma continuação da política — principiei.

— Ah, por favor, comandante — disse Stolfi, batendo com a vareta de madeira na minha mesa. — O que o senhor precisa saber, como oficial? Qual é a coisa mais importante que o senhor precisa levar em conta ao elaborar um plano? Qual é o aspecto mais fundamental da estratégia bélica, as operações ou a tática?

Stolfi pegou a última transparência do retroprojetor, voltou a apagar as luzes e, antes que eu pudesse responder, leu a frase de Moltke, o Velho.

A frase era: "Nenhum plano operacional dura com algum grau de precisão além do primeiro encontro com a força principal do inimigo."

— Em outras palavras — explicou Stolfi —, tenha sempre um Plano B. Um plano de emergência. Um plano de reserva. Porque, depois que você encontra o inimigo, nenhum plano sobrevive ao primeiro contato.

Ao longo dos dois anos seguintes, com o dr. Russel Stolfi como meu orientador, redigi minha tese de pós-graduação, intitulada *A teoria das Operações Especiais*. Ao pesquisar dez missões célebres na história das Operações Especiais, ficou evidente para mim que o velho axioma de Moltke resistiu ao teste do tempo. Era algo que eu não esqueceria tão cedo.

Estávamos a dois minutos de distância. Pela tela do alto, eu via os helicópteros Black Hawk gêmeos zunindo pela paisagem paquistanesa, suas portas laterais abertas e os SEAL da Marinha prestes a descer pela corda no complexo de Abbottabad que abrigava o homem mais procurado do mundo, Osama bin Laden, líder da Al-Qaeda.

Dentro do meu centro de comando no Afeganistão, assisti atentamente à chegada do primeiro helicóptero ao topo da parede de concreto de quase seis metros de altura, pairando bem ao lado do prédio de três andares onde Bin Laden estava. Enquanto o piloto fazia a aproximação, pronto para lançar a primeira corda, vi que o helicóptero começou a vacilar. O nariz apontou para cima e a cauda balançou de modo estranho, da direita para a esquerda. Pelo rádio, deu para ouvir o piloto lutando para recuperar o controle. Algo definitivamente estava errado. Segundos depois, o helicóptero sacolejou para a frente com violência, a cauda balançou descontrolada para a esquerda, a aeronave e seus homens caíram no pátio externo, longe do local planejado para a aterrissagem.

O piloto do segundo helicóptero, ao ver o pouso forçado do primeiro, que era o principal, inclinou-se rapidamente para a direita e pousou seus SEAL do lado de fora do complexo. Tudo que tínhamos planejado inicialmente fora por água abaixo. Agora, os SEAL da primeira aeronave estavam isolados em outra área do complexo, incapazes de chegar rapidamente a seus objetivos. Os SEAL do segundo helicóptero, que deveriam estar no teto do prédio de três andares, estavam fora do complexo, obrigados a abrir caminho através de várias portas de metal, apenas para conseguir voltar ao plano. Assistindo da Casa Branca, o presidente e sua equipe prendiam coletivamente a respiração. Naquele instante, a impressão era a de que o êxito da operação estava por um fio. Porém, por mais adversa que a situação parecesse, eu sabia que tínhamos um plano para recolocar a missão nos trilhos.

Nas três semanas anteriores à Operação Lança de Netuno, a missão para chegar até Osama bin Laden, os SEAL e os planejadores do helicóptero repassaram todas as situações possíveis, supondo que as coisas poderiam dar errado. Os planejadores não apenas anteciparam a necessidade de se desviar do ponto de inserção, mas também a utilidade de um helicóptero reserva, para o caso de que uma ou ambas as aeronaves caíssem.

Conforme o planejado, os SEAL se adaptaram rapidamente às contingências e conseguiram entrar no complexo. Em poucos minutos, chegaram ao terceiro andar e Bin Laden foi morto. Ao mesmo tempo, o comandante da parte aérea moveu o helicóptero reserva para sua posição, bem a tempo de retirar os SEAL e destruir o Black Hawk danificado. Em duas horas, todos os homens estavam em segurança no Afeganistão. O Plano A tinha falhado, mas o Plano B e o Plano C foram executados com perfeição.

O Processo Militar de Tomada de Decisões (MDMP, em inglês) é a ferramenta básica usada por oficiais e não oficiais ao elaborar o plano de ação de uma operação militar. Ele consiste em um processo de sete etapas, as quais são: recebimento da missão, análise da missão, elaboração da "linha de ação" (COA, em inglês), comparação dos COAs, aprovação do COA, produção das ordens e sua disseminação. Os fuzileiros navais usam o Processo de Planejamento de Resposta Rápida (R2P2). A Força Aérea e outros usam o Sistema de Planejamento Conjunto. De fato, a maioria das grandes empresas tem diversos "testes de estresse", usados para determinar o grau de preparação para lidar com crises financeiras. São testes como a Simulação de Monte Carlo, o Teste de Estresse da Lei Dodd-Frank (DFAST, em inglês) ou a Análise e Revisão Abrangente de Capital (CCAR, em inglês). Todos eles, porém, exigem basicamente que o planejador revise o plano, elabore alternativas, teste essas alternativas diante da pior das hipóteses e se certifique de dispor de todo o pessoal, treinamento e equipamento necessários para a execução das alternativas. Embora não seja uma parte intrínseca do processo de planejamento, subentende-se que é preciso fazer um ensaio das alternativas para detalhar as áreas de maior risco em potencial — e, em seguida, aperfeiçoar o plano para reduzir o risco o máximo possível.

Mas o problema de testes como o MDMP, o Monte Carlo ou o DFAST é que eles demandam muito tempo e pessoas envolvidas.

Além disso, se partir das premissas erradas, você pode acabar com uma falsa sensação de segurança sem ter abordado todos os riscos. Porém, tirando esses receios, caso a missão ou o problema que você tem como empresa sejam verdadeiramente importantes, é preciso fazer um investimento no esforço.

Depois do desastre marítimo do navio petroleiro *Exxon Valdez*, em 1989, o Comitê Nacional de Segurança nos Transportes dos Estados Unidos concluiu que o planejamento de emergência realizado pela Alyeska Pipeline, pela Exxon e pelas autoridades federais e estaduais foi inadequado. A conclusão foi que muitos observadores "concentraram-se na pequena probabilidade [do evento] e *tranquilizaram* a si mesmos de que o evento de graves consequências nunca aconteceria, e de que, caso acontecesse, o plano de resposta, não testado, seria adequado". Encarar o Plano B dessa forma é, muitas vezes, um erro fatal.

Como líder, sempre garanta que sua organização tenha feito o esforço para planejar o pior cenário possível, mesmo que pareça o de ocorrência menos provável, porque Moltke, o Velho, tinha razão: nenhum plano sobrevive ao primeiro contato com o inimigo. Esteja sempre pronto.

É simples:

1. Sempre leve em consideração o pior cenário possível e planeje de acordo.
2. Teste o plano para se certificar de que todos na organização saibam exatamente como reagir caso as coisas saiam dos trilhos.
3. Esteja preparado. Murphy era um otimista.

CAPÍTULO ONZE

Vale a pena ser um vencedor

A competição é parte do cotidiano, porque, ao estabelecer um padrão muito alto para si mesmo, você precisa todos os dias estar à altura dele.
— MICHAEL JORDAN

Eu estava sofrendo. O sol da Califórnia me castigava, o vento quente da costa me incomodava, a areia da beira da praia estava fofa, e cada passo usando minhas botas de selva exigia mais esforço do que eu dispunha. Para piorar as coisas, na véspera, eu tinha suportado duas horas extras de exercícios calistênicos nas mãos dos instrutores dos SEAL. O famigerado "Circo" estava cobrando seu preço.

— Vamos lá, sr. Mac! O senhor é um oficial! — gritou o comandante. — O senhor não pode estar na retaguarda do grupo. Recomponha-se!

O instrutor, usando uma camiseta dourada e azul, calção cáqui e botas verdes para selva, parecia deslizar pela areia sem fazer esforço, sem um pingo de suor sequer na testa. "Como isso é possível?", pensei.

À minha frente estava uma longa fileira de aprendizes dos SEAL, estendendo-se por mais de cem metros. Minutos antes, tínhamos atingido a metade do percurso de seis quilômetros pela praia, e, agora, todos estavam aumentando o ritmo para a arrancada rumo ao final. Todos, exceto eu. Eu era o atrasadinho. O lanterninha. O último da fila, e mal conseguia me manter nessa posição!

O instrutor, um SEAL do Vietnã amplamente condecorado, com um físico esbelto de maratonista, veio até mim e sussurrou no meu ouvido.

— O senhor é mais capaz do que isso, sr. Mac. Eu sei que é.

Ele tinha razão. Eu competi em meio-fundo no ensino médio e na faculdade, e era um dos melhores corredores da turma. Mas tantos dias de treinamento pesado tinham me deixado exausto. Meu tanque estava vazio. Àquela altura, não havia mais nada que pudesse me motivar a correr mais rápido. E foi então que ele disse:

— Lembre-se, sr. Mac. Vale a pena ser um vencedor!

Vale a pena ser um vencedor. Vale a pena ser um vencedor. Esse lema era usado por todos os instrutores no treinamento dos SEAL. O que se espera é que os SEAL sejam vencedores, e o único jeito de fazer isso é colocar os objetivos lá no alto. Ter altos padrões de forma física. Altos padrões de profissionalismo. Altos padrões de conduta. Vencedores dão duro. Vencedores fazem sacrifícios. Vencedores nunca desistem. Se você quiser ser um SEAL, precisa ser um vencedor — é para isso que todos são voluntários para realizar o treinamento. Nós queríamos ser vencedores.

Embora o lema tenha sido criado para inspirar ação, também comportava a ameaça velada de que, se você não estivesse à altura, pagaria um preço por isso. Nas corridas na praia, esse preço era a "Turma dos Patetas". Todos aqueles que não conseguissem cruzar a linha de chegada no tempo estabelecido, que não atendessem ao elevado padrão de forma física, eram imediatamente separados e forçados a correr mais um quilômetro. Os que fracassassem de novo teriam que correr mais outro quilômetro. E, é claro, um novo fracasso levaria a um "Circo" depois das atividades do dia.

Então comecei a balançar os braços mais depressa. Minhas pernas se mexeram um pouco mais rápido. Reuni minhas forças e saí em disparada. Um por um, ultrapassei meus colegas de treinamento. Pude ver, ao longe, o corredor na liderança. Era o guarda-marinha Fred Artho. Artho era uma maravilha da engenharia humana. Era o homem em melhor forma na turma e não tinha nenhum senso de dor. Ele simplesmente podia correr para sempre, sorrindo o tempo todo.

O instrutor estava acompanhando meu ritmo.

— Mais rápido, mais rápido! — gritava.

Estávamos na altura do píer Coronado. Faltava só um quilômetro. Com o canto do olho, dava para ver a camiseta dourada e azul do instrutor. Agora ele estava suado, mas sorria diante do meu esforço.

Os quatro edifícios do Coronado Shores, um condomínio paralelo à orla, passaram um por um. Faltavam só 400 metros.

— Força, força, força! — gritei para mim mesmo.

— Agora! — gritou o instrutor. — Mais, mais!

Meus pulmões estavam ardendo; minhas pernas, dormentes de adrenalina; meus olhos, cobertos de areia e suor.

Três corredores na minha frente. Só três.

Com meus últimos gramas de esforço, dei o maior impulso que pude com as pernas, atirando-me à linha de chegada.

Rolando na areia, cheguei em terceiro lugar.

— Nada mal, sr. Mac. Nada mal — disse o instrutor, sorrindo e recuperando o fôlego.

Quando completei o treinamento dos SEAL e entrei para as equipes, a frase *Vale a pena ser um vencedor* tinha desaparecido do vocabulário dos SEAL mais jovens. Só os mais velhos se lembram desse grito de guerra incessante dos instrutores. Mas o que não desapareceu foi a importância de padrões elevados e a expectativa de que, para estar entre os melhores, era preciso seguir tais padrões.

Em julho de 1990, eu era o comandante da força-tarefa de um destacamento dos SEAL enviado ao Pacífico Ocidental. Integrando a força-tarefa, eu tinha uma flotilha com duas embarcações Seafox de alta velocidade, uma unidade de comunicação e um pelotão de SEAL. Depois de trinta dias navegando pelo Pacífico, o Grupo Anfíbio de Prontidão, do qual fazíamos parte, formado por cinco embarcações, atracou na baía de Subic, nas Filipinas. Poucas horas depois de aportar, os dois mil fuzileiros navais e 21 SEAL embarcados tiveram permissão para desembarcar, de folga. Na manhã seguinte, fui informado de que um dos meus SEAL tinha se envolvido em uma briga de bar, e que a coisa ficara feia. Na verdade, na mesma noite, 22 fuzileiros tinham se envolvido em confusões semelhantes.

Às oito da manhã, ouvi meu nome pelos alto-falantes do navio.

— Comandante McRaven, apresente-se à ponte.

Não tinha como aquilo ser um bom sinal. Eu sabia que o comodoro, meu superior, estaria à minha espera, pronto para dar uma bronca.

Enquanto me dirigia à área de atracação, três lances de escada acima, fui preparando minha defesa. Sim, meu SEAL tinha se metido em confusão, mas como comparar isso com os 22 fuzileiros que cometeram atos igualmente indevidos?

Ao chegar à ponte, encontrei Mike Coumatos, o comodoro, sentado na cadeira do comandante. Aproximei-me e fiquei em posição de sentido.

— O senhor me chamou.

Coumatos se levantou da cadeira e pude ver a cólera em seu rosto. Piloto de helicóptero da época do Vietnã, ele era taticamente brilhante, e ao longo dos dezoito anos anteriores, eu havia aprendido a respeitá-lo profundamente como líder do Grupo Anfíbio de Prontidão. Até hoje considero Mike Coumatos um dos melhores líderes com quem já servi.

Medindo apenas 1,65 metro, ele reduziu a distância entre nós e me lançou um olhar furioso, a poucos centímetros do meu rosto.

— Um dos seus SEAL se meteu em uma briga de bar ontem à noite e agrediu alguns fuzileiros. Isso é inadmissível!

— Sim, senhor, concordo totalmente — comecei, e foi então que cometi o erro fatal: — Porém, senhor, devo apontar também que 22 fuzileiros se meteram em confusão ontem à noite.

Antes que eu pudesse prosseguir, ele ergueu-se até minha altura, com o rosto agora vermelho de cólera.

— Eles são jovens fuzileiros, Bill — respondeu. — Arrumar confusão é esperado deles.

E então ele me lembrou por que eu era um SEAL.

— Mas de você e de seus SEAL se é esperado um padrão mais alto. E espero que você, como líder deles, faça o mesmo. Estamos entendidos?

De você e de seus SEAL *se é esperado um padrão mais alto.* Essas palavras reverberaram na minha cabeça pelo resto de minha carreira. Embora, enquanto uma organização dos SEAL, nós tenhamos, em algumas ocasiões, deixado de estar à altura desse padrão elevado (e lidado com as consequências constrangedoras e dolorosas), nós nunca deixamos de elevar tal padrão e tentar ser os melhores. E eu sempre soube que, como líder dessa comunidade, meu papel era o de garantir que esses padrões de conduta e profissionalismo seriam atingidos. O que significa não apenas defini-los, mas cobrar as responsabilidades.

O que se aprende, em relação a padrões elevados, é a importância deles para qualquer organização. Ninguém olha em volta e diz: "Cadê aquela equipe medíocre? É dela que eu quero participar." Pouco importa se você está fritando hambúrguer, lavando carros, praticando esportes ou no Exército. Todo mundo quer fazer parte de algo especial. Todo mundo quer ser um integrante valorizado de uma ótima organização. E a única forma de ser uma grande organização é definir padrões elevados e esperar que as pessoas estejam à altura deles.

Como líderes, às vezes sofremos ao colocar expectativas irreais sobre quem serve conosco. Em pouco tempo, ficam nítidas as complicações de definir um padrão alto demais. Porém, afirmo que as pessoas que trabalham com você anseiam ser desafiadas, buscam ser as melhores, querem ser vencedoras, e às vezes isso significa pagar o preço com trabalho árduo, padrões elevados e responsabilidade. Nunca subestime o valor de uma meta mais difícil, de colocar o padrão lá no alto e de desafiar seus liderados a superá-lo.

É simples:

1. Implemente uma cultura vencedora estabelecendo padrões elevados. Seus liderados querem ser desafiados.
2. Responsabilize as pessoas quando elas não se mostrarem à altura desses padrões. A responsabilidade é a única coisa que separa indivíduos de alta performance dos demais.
3. Reconheça quem atende ou supera o padrão. Isso reforça a cultura vencedora.

CAPÍTULO DOZE

Um pastor deve cheirar como suas ovelhas

De hoje até o fim do mundo, não haverá dia em que não sejamos lembrados; os poucos de nós, os poucos felizardos, nosso bando de irmãos; pois hoje quem derrama seu sangue comigo será meu irmão.
— WILLIAM SHAKESPEARE, *Henrique V*

Com uma enorme mochila de marinheiro a tiracolo e o brilho fraco de uma luz vermelha a me guiar, fui tateando a área de embarcação, braços estendidos, olhos fechados, mexendo a cabeça de um lado para o outro. Era quase meia-noite, e o guarda-marinha que tinha ido me buscar na base da Força Aérea de Hickam, no Havaí, disse-me que a reunião da tripulação a bordo do *USS Ouellet* seria às 6h30 da manhã seguinte.

Era junho de 1974, e eu, como aspirante de terceira classe, estava na minha viagem de instrução, um deslocamento de sete semanas em Pearl Harbor, no Havaí. Como aspirante júnior, eu atracaria com os marinheiros, faria as refeições com os marinheiros e trabalharia com os marinheiros. Pelas sete semanas seguintes, eu seria só mais um alistado, aprendendo tudo que pudesse com os marinheiros a bordo. Essa experiência mudaria para sempre a minha abordagem de liderança.

Depois de tirar os sapatos, comecei a subir no meu beliche, que ficava em cima de outros três. Com cuidado, coloquei o pé na beirada de metal do primeiro e subi com facilidade. Ao segurar as alças de náilon do beliche do alto, comecei a escalar quando, então, meu pé escorregou. Instintivamente, procurei onde me apoiar, e, na mesma hora, percebi que meu pé encostou em carne humana. Um urro veio do beliche abaixo do meu, e dele saiu um dos maiores homens que eu já tinha visto em meus tenros dezenove anos.

— Mas que porra, mano! Que merda! — gritou ele.

Enquanto eu me segurava na lateral do beliche, um samoano gigantesco apareceu, com braços do tamanho das minhas coxas e um rosto que emanava raiva. A luz vermelha do ancoradouro refletia nos olhos dele.

— Ei, cara, mil desculpas — falei, tentando descer do beliche.

— Calem a boca, porra! Estou tentando dormir aqui — gritou alguém de um beliche distante.

Esfregando o rosto indignado com uma das mãos, o samoano me pegou pela camisa e me puxou para perto.

— Quem é você, mano? — gritou, sem se preocupar com o restante dos marinheiros que dormiam.

— Abaixa o tom — disse outra voz.

— Bill McRaven... Sou aspirante da Marinha... Cheguei faz uma hora... Deram para mim o beliche de cima... Ei, cara, sinto muito de verdade por ter pisado na sua cara. — Tentei juntar tudo em uma frase só, para o caso de ser a última.

O gigante samoano me virou de lado, ficou me olhando por um instante, depois me virou para o outro lado.

— Sabe, mano, essa minha cara é a única que eu tenho. E ela é bonita e não quero que ninguém zoe com ela. As moças curtem assim.

— Claro, claro, com certeza.

Ele largou minha camisa e pegou minha mochila.

— Isso é seu? — perguntou.

— É, sim.

— Vem cá, mano, vamos guardar isso no armário do contramestre e de manhã você pega de volta.

Depois de guardar minha mochila, subi no beliche de roupa e tudo, enquanto ele esperava até que eu não representasse mais perigo.

— Por sinal, meu nome é Ricky. Bem-vindo à Marinha. Agora vê se dorme um pouco, mano. A faina começa cedo.

Ao longo das sete semanas seguintes, Ricky me colocou debaixo da asa e me ensinou tudo o que sabia sobre ser marinheiro. Algumas lições eram práticas, como: se você segurar a máquina de polir com força demais, ela escapa das suas mãos. Ou que o melhor jeito de passar o macacão é deixá-lo embaixo do colchão à noite. Ou que tirar manchas do mictório exige uma boa escova de dentes e bicarbonato de sódio. E, é claro, fiquei sabendo onde ficam todos os bons bares, casas de jogos e de penhores de Honolulu. Ricky era particularmente habilidoso com os dados.

Conhecer essas dicas e truques foi muito útil para formar laços de amizade com os marinheiros, mas eu também aprendi lições de real importância. Aprendi que cada marinheiro tem uma história. A história de como entrou na Marinha. A história sobre sua família. A história sobre a cidade natal. E, mais do que tudo, a história de suas missões em alto-mar: a tempestade que quase virou a embarcação; o acidente quase fatal durante um reabastecimento submarino; a linda princesa da Polinésia que quase tomou como esposa; o jogo de cartas que rendeu todas as fichas da mesa; a tatuagem de dragão e como ela foi parar nas nádegas; o rito de passagem de atravessar a linha do Equador; e o pôr do sol maravilhoso no mar. Cada marinheiro não apenas tem uma história, mas todos eles querem contá-las e todos querem que você as escute. Aprende-se muito ouvindo as pessoas com quem se trabalha.

Também aprendi que marinheiros como Ricky queriam fazer parte de algo especial. Orgulhavam-se do navio, e, apesar de reclamarem o tempo todo da comida, dos longos horários de serviço, dos oficiais e dos demais tripulantes, eles defendiam a reputação do navio diante de qualquer um que não fizesse parte da tripulação.

Sabendo que um dia eu usaria os galões de guarda-marinha, Ricky e seus colegas fizeram questão de que eu soubesse o que esperavam de seus superiores.

— Esse cara — disse Ricky, referindo-se a um jovem tenente — chega todo dia e passa uma hora na sala das caldeiras comigo. Esse aqui é um tremendo oficial, mano!

— O subcomandante, ele cobra muito quando tem que cobrar, mas pega leve quando pode. Ele é bom também.

— O capitão não alivia a nossa barra, mas sempre dá um jeito de arrumar o melhor ancoradouro.

Os oficiais que eles mais respeitavam eram aqueles que apareciam na sala das caldeiras quando a temperatura estava em 50 graus; que se sujavam de graxa e sabiam usar a chave-inglesa; que pegavam a vassoura para ajudar na faxina noturna; que levavam água para quem estava pintando o casco; que agradeciam de vez em quando pelo esforço. Mas eles também queriam um oficial que tomasse decisões difíceis, que cobrasse responsabilidade, que trabalhasse muito e que, acima de tudo, valorizasse o serviço pesado que eles faziam. Enfim, queriam um oficial de quem pudessem se orgulhar — mesmo que não dissessem isso em público. Queriam alguém que fosse sagaz, atlético, boa-pinta vestindo uniforme e que não os envergonhasse na folga ficando bêbado ou fazendo algazarra.

Três anos depois, fui promovido a guarda-marinha na Marinha e enviado ao Treinamento Básico de Demolição Subaquática dos SEAL (BUD/S, em inglês). As lições do meu período com Ricky nunca saíram da minha cabeça — compartilhe os perrengues, compartilhe os perigos, compartilhe a camaradagem, escute as histórias e assim você saberá mais de seus marinheiros e o que eles esperam de você.

O treinamento com os SEAL foi diferente da maioria dos outros cursos nas Forças Armadas. Os oficiais e os recrutas passavam exatamente pelo mesmo treinamento — as mesmas corridas na areia fofa, o mesmo nado em oceano aberto, as mesmas corridas de obstáculos, a mesma cobrança, os mesmos dias de frio, umidade e sofrimento. A mesma Semana Infernal. O ato de compartilhar as mesmas adversidades com nossos subordinados dava aos oficiais a compreensão do que motivava aquelas pessoas, e também lhes dava um grau de respeito pelos oficiais, por conta desse elo.

Durante os 37 anos seguintes, procurei passar o maior tempo possível em missão com meus SEAL. À medida que ascendi na hierarquia, isso foi ficando cada vez mais complicado, e houve momentos em que tentei convencer a mim mesmo de que o serviço burocrático que eu estava executando era mais importante. É fato que o trabalho estratégico é importante em qualquer organização, mas é igualmente importante saber como suas decisões afetam os soldados e os recrutas. Se você, como líder, não passar um tempo no chão da fábrica, não caminhar pelas salinhas, não conversar com os estagiários, não tomar café com os subalternos, então não saberá o que realmente se passa em sua organização. E, como líder, simplesmente chegará o dia do seu fracasso.

Durante meu período no Iraque e no Afeganistão, acompanhei grandes generais (e coronéis, majores, capitães, tenentes e suboficiais sêniores) e vi como interagiam com os soldados. Os bons passavam tempo na linha de frente desviando das balas em Faluja, andando de Humvee na Rota Irlandesa, voando de helicóptero pelo Indocuche ou simplesmente conversando com os soldados que cuidavam das torres de vigilância. Esse engajamento era importante não apenas para compreender a tropa, e, dessa forma, tomar decisões melhores; também era de importância vital para os soldados verem que suas lideranças estavam suando e sujando a camisa bem ao lado deles.

O papa Francisco certa vez disse: "O pastor deve cheirar como suas ovelhas." Embora seja um ditado relativamente novo, ele reflete o modo de pensar dos grandes líderes de todos os tempos. Pois, quando se perde o contato com quem trabalha para você, quando você deixa de se identificar com eles por falta de tempo no chão da fábrica, quando não tem o "cheiro" das pessoas que jurou proteger e comandar, você será um líder ruim que tomará decisões ruins.

É simples:

1. Compartilhe as adversidades com seus liderados. Você conquistará o respeito deles e aprenderá sobre si mesmo como líder.
2. Compartilhe a camaradagem. Deixe seus liderados perceberem que você está se divertindo (dentro do razoável). É bom saber que o líder também é um ser humano.
3. Dê ouvidos aos liderados. Eles têm soluções para a maioria dos problemas que você enfrenta.

CAPÍTULO TREZE

Inspecione a tropa

Se você fizer da escuta e da observação seu trabalho, sairá ganhando muito mais do que faria falando.
— ROBERT BADEN-POWELL, fundador do escotismo

"Inspecionar a tropa" é uma tradição arraigada no Exército. Ao longo da história, os generais têm feito seus soldados se perfilarem para que os oficiais façam perguntas sobre o treinamento e se certifiquem de que as ordens do general estão sendo transmitidas ao praça mais jovem da formação. Washington, Grant, Pershing, Eisenhower, Colin Powell e Ann Dunwoody, a primeira mulher general quatro estrelas: todos os grandes generais, em algum momento, inspecionaram a tropa.

Todo serviço tem algo assim. Na Marinha, toda manhã, os marinheiros e fuzileiros se reúnem na popa ou no convés do navio para receber a ordem do dia. Na Força Aérea, os aviadores se perfilam na pista, onde as ordens são transmitidas. Em todos os casos, há uma compreensão profunda de que, como oficial, é preciso dar as caras à tropa. É preciso confirmar que as ordens dos oficiais estão sendo obedecidas, mas também garantir que a tropa veja seu líder com a maior frequência possível.

Em todo posto de comando em que estive, o ato de inspecionar a tropa — aquela caminhada diária pelo prédio, pela base ou pelo acampamento — sempre rendeu muitas informações sobre a situação da organização e sobre como eu mesmo estava liderando.

———

— Está de saída, senhor? — perguntou o coronel, erguendo os olhos da tela do computador.

— Só vou dar uma caminhada — respondi.

Ele olhou para o relógio digital, bem no alto do mural de monitores de tela plana, e sorriu. Eram quatro da manhã, horário do Afeganistão. Hora do meu ritual noturno.

— A última missão deve terminar em até uma hora, senhor — informou ele. — Se houver algum problema, eu localizo o senhor.

— Entendido. Obrigado.

O Centro de Operações Conjuntas (JOC, em inglês) no meu quartel-general de Bagram, no Afeganistão, estava incomumente silencioso para uma manhã de sábado. Três missões de Rangers em Kandahar e na província de Ghazni já tinham sido completadas. Os alvos de alto valor que os soldados procuravam tinham sido capturados, mas dois Rangers ficaram feridos em um dos ataques. Felizmente, nada muito grave. Fora de Jalalabad, no leste do Afeganistão, uma missão dos SEAL ainda seguia em curso. Na hora em que eu estava saindo do JOC, vi as imagens do drone Predator fecharem no complexo afegão cercado pelos SEAL. Silhuetas escuras minúsculas moviam-se de modo decidido, de prédio em prédio. Os raios dos designadores laser cruzavam a tela à medida que os SEAL ocupavam um pátio amplo, em busca do alvo.

Só mais uma noite qualquer no Afeganistão.

Enquanto eu me preparava para sair do prédio, percebi a jovem vigia no Ponto de Controle de Entrada (ECP, em inglês) organizando os crachás de acesso na mesa diante dela de forma meticulosa. Muitos dos soldados que davam apoio à minha Força de Operações Especiais estavam em serviços de um ano, e, em razão da natureza altamente sigilosa de nossas missões, muitos não faziam ideia de quem éramos.

Parei por um instante para conversar com ela. Era nova no Exército. De Ohio. Apaixonada pelo time de basquete universitário do estado, os Buckeyes. Tinha três irmãos; isso a deixou mais durona. Um deles é fuzileiro naval, mas ainda servia em Ohio. Ela foi a primeira da família a servir no Exército. A primeira a ir para a guerra, tinha orgulho disso. Sentia um pouco de medo, porém o pessoal ali era bacana. Ela estava contente de servir conosco. *Aliás, quem são vocês?*

Agradeci a ela por ter se alistado. Disse que a família em Ohio iria se orgulhar dela. *Eu me orgulhava dela.* Ela havia se alistado sabendo que iria para a guerra, e mesmo assim aceitou. Em relação a quem éramos, bem, éramos uma Força de Operações Especiais à caça dos mais procurados do Afeganistão. Um enorme sorriso abriu-se em seu rosto. O irmão dela ficaria com inveja, disse ela. "Com certeza ficaria", respondi.

Do lado de fora do prédio de dois andares feito de compensado, com suas luzes fluorescentes, telas de computador, imagens feitas pelos drones e placas indicando a saída, a noite afegã estava espetacularmente escura. Embora houvesse sempre um leve brilho amarelado pairando sobre o aeródromo, quando alguém se aventurava do lado de fora precisava levar uma lanterna.

Depois de sair do ECP, virei à direita e caminhei sem pressa pelo caminho de brita que era a avenida principal do acampamento. As instalações de dois hectares, no meio da base aérea de Bagram, abrigavam mais de mil pessoas. Embora o refeitório e o hospital da base ficassem fora de nossas instalações, todo o resto de que precisávamos para planejar e preparar nossas missões ficava confinado na área intramuros.

Ao longo da hora seguinte, passei pela oficina, onde constatei uma carência de mecânicos. Fui até a lavanderia, onde metade das máquinas não estava funcionando, e então segui para a última parada da minha caminhada — as torres de vigilância.

A cada cinquenta metros ao longo do perímetro exterior, havia uma estrutura de seis metros de altura, com uma pequena construção de dois por dois metros no topo. Esse pequeno prédio tinha quatro aberturas para armas, uma de cada lado, mas a metralhadora de calibre pesado estava apontada para os campos abertos dos quais o Talibã poderia começar um ataque. Em todos os anos em que trabalhei em Bagram, nunca tivemos um ataque por terra que ameaçasse o acampamento. No entanto, estávamos preparados para caso acontecesse.

Subi os degraus que levavam ao alçapão sob a salinha. Depois de bater, levantei lentamente a porta, para não atingir o soldado ali dentro.

— Liberado — disse ele.

Então, para não prejudicar a visão noturna do soldado, desliguei a lanterna do capacete e me arrastei sala adentro.

— Como você está hoje? — perguntei, levantando-me aos poucos.

— Bem, cara. E você? — respondeu o soldado no escuro, sem saber quem eu era.

— Bem, bem — respondi. — Sou o almirante McRaven.

— Legal — disse ele, claramente sem saber o que era um almirante, ou por que um almirante iria à sua torre de vigia às quatro da manhã.

— Tudo tranquilo hoje à noite? — perguntei.

— Ah, sim. Só um bando de meninos jogando pedras do lado de lá. Acho que eles não gostam da gente.

— Acho que você tem razão. — Dei um sorriso na escuridão.

— Três-quatro, aqui é… — picotou o rádio.

— Estação chamando, aqui é três-quatro, repita o final — respondeu o soldado, sacando o walkie-talkie do cinto.

— Repito… — Foi a resposta ininteligível.

— A porcaria da bateria está acabando — reclamou o soldado. — Sabia que eu devia ter checado antes do meu turno.

Ele olhou para o relógio de pulso, apertou o botão de luz noturna e checou a hora.

— É só a conferência de rotina — resmungou para si mesmo. Apertando de novo o botão para falar, gritou no rádio:

— Aqui é três-quatro, tudo certo aqui!

Ouvindo atentamente, consegui reconhecer o som fraco de um "Entendido".

O soldado Joey Benson, do Colorado, revelou-se um sujeito falante. Relativamente velho para um soldado, ele odiava o Exército. Porém, depois de uma série de pequenas contravenções, o juiz não lhe deu muita escolha. Era a cadeia ou o Exército. Ele estava só empurrando com a barriga seu período de serviço militar; depois, queria voltar para o Colorado para esquiar. Sua esperança era a de ficar longe de confusão. Ele odiava o Exército, repetiu, mas adorava seus colegas soldados. Odiava o Exército, mas até gostava de estar no Afeganistão. Odiava o Exército, mas achava bem bacanas seus oficiais e suboficiais. Odiava o Exército, mas estava aprendendo a ser mecânico. Odiava o Exército, mas, cara, achava atirar o máximo. Sim, mal via a hora de sair do Exército, mas virar sargento seria legal. Daria para ensinar aquela garotada a virar soldado.

Na manhã seguinte, às onze horas de Greenwich, realizamos nossa videoconferência mundial de praxe. Minha força-tarefa de Operações Especiais estava espalhada pelo planeta, em bases e acampamentos pequenos ou grandes. Repassamos uma por uma as operações importantes, do Iraque ao Afeganistão, da Somália ao norte da África, das Filipinas ao Iêmen. Cada alvo de alto valor. Cada ameaça existencial ao nosso país. Todas as questões terrivelmente importantes do dia. Depois de uma hora, liguei o microfone pela última vez. Como sempre, os oficiais e suboficiais estavam ansiosos à espera de alguma palavra sábia do "velho", algo profundo e cheio de sentido, algo que mudaria o curso da luta contra a Al-Qaeda, o Talibã, o Al-Shabaab, o Boko Haram e o Abu Sayyaf.

— Pessoal, ontem à noite, durante minha ronda a pé, fiz algumas descobertas. Quero que cada um de vocês, comandantes e suboficiais superiores, trate das seguintes questões importantes.

Nas trinta telas diante de mim, vi canetas se preparando para anotar os próximos grandes mandamentos vindos de cima.

— Primeiro, quero que todos os soldados de apoio sejam informados a respeito de quem somos, como força-tarefa. Quero que eles sejam parte da equipe. Tenho orgulho de recebê-los e quero que eles sintam orgulho de estar aqui.

Algumas torcidas de nariz, algumas caretas. Brifar soldados convencionais era considerado um risco de segurança — *mas tudo bem, velho, se é isso que o senhor quer.*

— Depois, quero que cada suboficial sênior inspecione as lavanderias e se certifique de que todas as máquinas estejam funcionando. E, se não estiverem, informem meu chefe do Estado-Maior, para solicitarmos novas.

Lavanderias? O senhor está brincando? Um almirante três estrelas preocupado com as lavanderias? Isso deveria ser preocupação dos suboficiais júniores.

— Depois disso, quero que os comandantes revisem a cota de veículos por mecânico nas oficinas. Precisamos ter pelo menos um mecânico para cada três ou quatro veículos. Se for maior do que isso, avisem meu chefe do Estado-Maior, que eu consigo mais auxílio.

Ok, faz sentido. Todos nós precisamos de mais mecânicos.

— Por fim, quero que o supervisor de cada torre de vigilância faça uma inspeção individual antes de cada rodízio na guarda. Quero garantir que os vigias estejam com baterias novas nos rádios e todo o treinamento necessário para atirar com o calibre 50.

Cara, agora estamos ferrados mesmo...

— Estamos entendidos? — perguntei, de forma absolutamente retórica.

Todos fizeram que sim, relutantes, com a cabeça.

Todo líder entende que nada é mais importante, para o êxito de uma missão, do que o moral da tropa. Mas muitas vezes o líder não entende bem o que é esse moral. Moral não é apenas fazer os funcionários se sentirem *bem*, mas também fazê-los se sentirem *valorizados*. A tropa precisa dispor dos recursos necessários para cumprir bem suas tarefas. A tropa precisa acreditar que o líder está dando ouvidos às suas preocupações.

Em poucas semanas, todas as lavadoras e secadoras estavam funcionando, a oficina estava agitada com novos mecânicos e, a uma hora da manhã, horário afegão, do dia 14 de maio de 2009, catorze combatentes do Talibã cruzaram o campo aberto diante do acampamento, jogando granadas e atirando contra as torres. Os guardas nas torres de vigia abriram fogo, em uma resposta sincronizada, na tentativa de repelir o ataque.

Inspecionar a tropa sempre me foi proveitoso, seja nas Forças Armadas, seja como chanceler da Universidade do Texas. Um líder sempre pode se convencer de que é importante demais para lidar com questões mundanas da organização. Esses "verdadeiros" líderes deveriam estar resolvendo os problemas mais complexos, aqueles que levarão a organização a um patamar superior, os problemas que apenas as pessoas mais inteligentes da organização são capazes de resolver.

Certo, mas...

Nunca se esqueça de que também existem problemas que exigem soluções no nível mais baixo possível. Problemas que, caso não recebam atenção, levam à ineficiência, à ineficácia e ao moral baixo. Problemas que os escalões inferiores da organização têm dificuldade para resolver, mas o líder pode fazê-lo com uma instrução simples. E às vezes a única forma de dar um jeito nesses problemas é sair da sua sala e falar com quem faz o trabalho pesado por você.

É simples:

1. Saia da sua sala e fale com os funcionários do extremo inferior da cadeia de comando.
2. Encontre oportunidades para resolver problemas pequenos, mas que parecem insolúveis.
3. Certifique-se de que sua diretoria tenha consciência de que esses "pequenos problemas" podem ter um enorme efeito sobre o moral.

CAPÍTULO CATORZE

Se houver inspeção, não haverá decepção

A verdade se confirma com análise e paciência;
a mentira, com pressa e incerteza.

— TÁCITO, historiador romano

Em 1778, o Exército Continental, sob o comando de George Washington, estava em maus lençóis. Voluntários sem nenhum treinamento militar foram convocados à ação e sofreram uma derrota esmagadora no embate contra as tropas treinadas do Exército britânico. Sem disciplina, sem estrutura organizacional e com o moral assustadoramente baixo, essas pessoas — agricultores, artífices e mercadores — pelejavam para realizar até mesmo as manobras militares mais simples.

No inverno desse mesmo ano, Washington havia transferido suas forças para Valley Forge, nos arredores da Filadélfia. Ele precisava desesperadamente de alguém para ajudá-lo a formar um exército profissional. Benjamin Franklin, que, à época, estava na Europa, encontrou o homem certo para o trabalho.

Montado em um imponente cavalo branco, envergando um traje militar de gala completo adornado de insígnias e ostentando duas imensas pistolas no coldre, em fevereiro de 1778 o general Friedrich Wilhelm von Steuben cavalgou até Valley Forge. Um soldado relembrou a chegada de Von Steuben como se fosse "o próprio deus da guerra celebrado nas fábulas."

Soldado desde os dezessete anos, Von Steuben lutou na Guerra dos Sete Anos, na qual foi ferido em diversas ocasiões. Depois disso, passou a servir como contramestre e como ajudante de ordens de Frederico, o Grande, rei da Prússia. Ele era o epítome do soldado exemplar.

Assim que chegou, Von Steuben foi imediatamente nomeado por Washington para a função de inspetor-geral do Exército Continental. Von Steuben ficou abismado com o que viu a respeito do exército de voluntários. O acampamento em Valley Forge era mal planejado: havia tendas e barracas espalhadas pelo campo; os soldados faziam as necessidades onde bem quisessem, saneamento básico era coisa inexistente; as armas e equipamentos estavam em condições de funcionamento inaceitáveis. Além disso, devido à falta de bons registros, a corrupção e o suborno aconteciam a torto e a direito, a tal ponto que os soldados recebiam os mosquetes e equipamentos bélicos e logo depois os vendiam.

Em questão de poucos dias, Von Steuben iniciou o trabalho de inspeção das tropas, suas barracas, rifles e equipamentos de combate. Os registros administrativos também foram esmiuçados a fim de eliminar a especulação e a imoral obtenção de lucros com a guerra. Logo depois disso, ele instituiu a prática de exercícios militares diários e, durante o inverno de 1778, Von Steuben escreveu os *Regulamentos para a ordem e disciplina das tropas dos Estados Unidos* — documento que tem sido a base do exército estadunidense desde sua publicação original.

Boa parte do sucesso das Forças Armadas dos Estados Unidos é atribuída à influência do Barão Von Steuben no Exército Continental; ao longo dos últimos 245 anos, a ideia de boa ordem e disciplina e do valor das inspeções tem sido um dos pilares de toda grande organização militar. E nenhum líder de boa reputação jamais questionou a necessidade desses regulamentos.

O coronel Elliot "Bud" Sydnor caminhou ao longo do acostamento examinando as três carretas de dezoito rodas, alinhadas uma atrás da outra, para-choque contra para-choque, prontas para partir. Dentro das cabines estavam agentes federais fortemente armados do Escritório de Transporte Seguro. No interior dos veículos de dezesseis metros de comprimento havia material sigiloso a ser despachado para todo o país.

Nas três semanas anteriores, Sydnor, um Boina Verde aposentado, vinha treinando os novos agentes nos procedimentos de segurança. Realizaram-se ensaios e simulações para prever todas as ameaças concebíveis ao comboio: uma emboscada terrorista, a ação de um grupo de ativistas bloqueando a estrada, uma pane no veículo. Cada agente tinha responsabilidades específicas para cada cenário hipotético. No deslocamento dessa perigosa carga, nada poderia ser deixado ao acaso. Contudo, àquela altura, a fase de treinamentos havia chegado ao fim. Era hora da missão de verdade.

Sydnor havia cedido a supervisão da missão ao agente federal mais graduado, um capitão da polícia, que agora estava no comando e dirigiria a efetiva movimentação do material. Enquanto Sydnor observava os preparativos finais para o transporte, uma coisa lhe chamou a atenção: em nenhum momento o capitão realizara uma inspeção pessoal de cada um dos guardas nas carretas.

Ele se aproximou do agente e, com muito tato, disse:

— Peço que me desculpe, capitão, mas notei que você não realizou uma inspeção pessoal de seus homens.

O capitão, demonstrando alguma irritação, revirou os olhos e respondeu:

— Bem, coronel, somos todos profissionais aqui. Não há necessidade de inspeção.

Sydnor, um homem de temperamento tranquilo, mas com um fraco pelos detalhes, respondeu, em tom incisivo:

— Bem, capitão, se você fosse um profissional de verdade, entenderia o valor de uma inspeção.

Por alguns instantes, o capitão ficou em silêncio, lembrando-se do histórico de atuação militar do homem à sua frente, e, em poucos minutos, os agentes estavam enfileirados enquanto o capitão inspecionava homem por homem para se assegurar de que todos os equipamentos estivessem no lugar e em perfeito funcionamento. O capitão sabia que, se alguém no mundo entendia o valor de uma inspeção, esse alguém era Bud Sydnor.

O coronel Elliot "Bud" Sydnor foi o comandante da força terrestre de uma das Operações Especiais mais famosas da história, o ataque-surpresa ao campo de prisioneiros de guerra em Son Tay, no Vietnã do Norte. Em 21 de novembro de 1970, seis helicópteros transportando setenta soldados, apoiados por quatro aviões C-130 e aviões reabastecedores, decolaram da Tailândia. Através do espaço aéreo do Laos, entraram no Vietnã do Norte, em uma investida para resgatar aproximadamente sessenta prisioneiros de guerra norte-americanos mantidos em cativeiro no Camp Hope, nos arredores de Son Tay. Além disso, centenas de aeronaves e colaboradores da Marinha e da Força Aérea também estavam envolvidos na missão. Foi Sydnor quem desenvolveu o programa curricular de treinamento, conduziu os exercícios e simulações, supervisionou as inspeções e comandou a ação das tropas no complexo de prisioneiros de guerra. Durante a missão, o heroísmo de Sydnor lhe renderia a segunda mais importante condecoração por bravura, a Cruz de Serviço Distinto. Quando se aposentou, após 31 anos de serviço, entre seus prêmios incluíam-se também a Estrela de Prata; a Legião do Mérito, com dois feixes de folhas de carvalho; a Cruz de Voo Distinto; a Estrela de Bronze e inúmeros outros galardões.

A incursão a Son Tay foi uma das operações mais ousadas e complexas da história militar moderna. Infelizmente, antes do ataque, os norte-vietnamitas haviam transferido os prisioneiros de guerra, em virtude da contaminação da água potável de seu poço. Assim, quando a força de ataque chegou, foi recebida pela vigorosa resistência de uma companhia norte-vietnamita fortemente armada; após longa e intensa troca de tiros, os americanos perceberam que os prisioneiros de guerra não estavam lá. Embora nenhum prisioneiro de guerra tenha sido resgatado, a organização e a execução da missão foram impecáveis. Quarenta anos depois, eu usaria o ataque de Son Tay como modelo para a

Operação Lança de Netuno, a missão para capturar Osama bin Laden.

Todos os militares do mundo entendem a importância de uma inspeção. Nós inspecionamos uniformes, armas, veículos, tanques, aviões, navios e tudo o que é de valor para a organização. Entretanto, no mundo corporativo, com bastante frequência, damos menos atenção a isso do que deveríamos. Embora todo CEO valorize as auditorias internas e externas como ferramentas para verificar a situação financeira da empresa, nem sempre esse mesmo rigor é aplicado aos outros elementos centrais da companhia. O que muitas vezes passa em branco e se perde é o efeito positivo que as inspeções podem ter sobre o moral das pessoas. Sua função não é somente garantir o cumprimento de normas, regras, diretrizes e procedimentos, já que as inspeções também impõem ao sistema corporativo um nível de disciplina. Quando ela é aplicada, os subordinados tomam consciência de que fazem parte de uma organização que se preocupa com a qualidade, com os resultados e com o trabalho árduo. Ninguém gosta de ser inspecionado, porém todo profissional gosta de saber que alguém acima dele se preocupa com os detalhes, porque é com eles que as empresas alcançam o sucesso ou, então, fracassam.

Em seu papel de líder, cabe a você encontrar o equilíbrio adequado entre a supervisão em excesso e o escrutínio em falta. Se negligenciadas, a maioria das organizações ficará desleixada e indisciplinada. É a natureza humana. Seus funcionários devem compreender que o trabalho deles será julgado, revisado, vistoriado, inspecionado e avaliado. É a única maneira de assegurar a implementação e manutenção dos elevados padrões que você estabeleceu. Embora as tropas sempre se queixem do excesso de supervisão e inspeções, também vão gostar de saber o que se espera delas.

É simples:

1. Identifique as competências essenciais em sua empresa ou organização.
2. Desenvolva um plano para fazer inspeções regulares nessas áreas.
3. Compareça pessoalmente durante uma inspeção para garantir que seus liderados entendam que você, o líder, valoriza o processo e o empenho deles.

CAPÍTULO QUINZE

Comunique-se, comunique-se, comunique-se

O trabalho em equipe eficaz começa
e termina com a comunicação.

— MIKE KRZYZEWSKI, treinador de basquete

A ilha de San Clemente é um pedaço de terra acidentada que se ergue no oceano Pacífico, cerca de 130 quilômetros a oeste de San Diego. Com aproximadamente 33 quilômetros de comprimento e 6 quilômetros de largura, o lugar é muitas vezes encoberto pela névoa baixa e, visto de longe, tem aquela aparência de "ilha de King Kong". Nos últimos sessenta anos, San Clemente tem sido o local onde se realiza a Terceira Fase do treinamento de formação dos SEAL da Marinha. Após quase seis meses de um árduo processo de seleção, os poucos alunos que restam são levados para lá na esperança de completar as últimas três semanas de treinamento.

Essa fase final é quase sempre a mais difícil. Na primeira noite, os instrutores SEAL levam os recrutas até determinado ponto 5 quilômetros ao largo da costa e os jogam na água, com ordens para que voltem nadando até a margem. Os instrutores também têm grande prazer em informar os recrutas de todos os tubarões que se alimentam naquela área. Depois, há as corridas de 25 quilômetros, mais os trechos de 8 quilômetros de natação; ainda tem as intermináveis noites de demolição subaquática de obstáculos e trabalho com armas, o treinamento físico diário e o constante assédio, concebidos para enfraquecer o espírito e pôr à prova os limites da coragem e resiliência dos recrutas. San Clemente não é apenas o derradeiro campo de provas para aspirantes a SEAL, mas também o teste mais importante para oficiais e veteranos. Nenhum outro aspecto do treinamento SEAL coloca tanta ênfase na liderança. Na ilha, o oficial comandará seu pelotão em uma série de provações: exercícios de combate de curta duração para testar a capacidade de comando e controle sob as circunstâncias mais extremas. Uma dessas provações é o exercício de emboscada.

Nossa turma, que, seis meses antes, havia começado o treinamento com 110 indivíduos, àquela altura estava reduzida a 33. Tínhamos extrema força mental, nossa motivação era das maiores, éramos fisicamente imponentes e arrogantes demais para o nosso próprio bem. Naquela manhã, nos reunimos em um pequeno planalto no lado noroeste da ilha. Uma névoa cinzenta pairava sobre as partes mais baixas da ilha e flutuava para o mar encrespado. A partir da costa, os penhascos se erguiam, abruptos, em todas as direções. A maior parte do terreno em San Clemente se compunha de mato, arbustos, cactos e pedras, mas havia um trecho onde o matagal e as árvores mirradas formavam uma pequena floresta — uma vegetação densa o suficiente para esconder sete homens grandalhões armados com fuzis de assalto, metralhadoras e simuladores de granadas. Uma floresta extensa o suficiente para outros catorze homens patrulharem uma trilha, à espera da emboscada.

O sargento Faketty caminhava de um lado para o outro na frente do grupo de alunos reunidos.

— Tudo bem, senhores, o exercício de hoje é simples. Vocês percorrerão a trilha que nós escolhemos e, em algum momento, escondidos no mato denso, surgirão os instrutores. Eles iniciarão a emboscada com munição de festim e simuladores de granadas, e caberá aos senhores se movimentarem para escapar da zona de matança o mais rapidamente possível. Compreendido?

— Sim, instrutor Faketty — gritamos todos ao mesmo tempo.

— Sr. Mac, pegue seu pelotão. Os senhores vão primeiro — informou Faketty.

Rapidamente reuni os outros treze recrutas e os coloquei em formação de patrulha. À frente da unidade estava o marujo Dave LeBlanc, o batedor. LeBlanc iria à frente do pelotão para abrir caminho porque era o melhor da turma com o mapa e a bússola, e o homem com os olhos mais aguçados e os ouvidos mais apurados entre todos. Como comandante do pelotão, eu era o segundo da formação. Imediatamente atrás de mim estava o operador de rádio. Minha posição na linha de marcha me permitia direcionar o batedor e depois me virar e, por meio do operador de rádio, comunicar-me com meu apoio de artilharia terrestre, aérea ou naval. Naquela época, havia apenas um rádio por pelotão. Todas as nossas comunicações internas eram feitas por sinais com as mãos e os braços, ou, em meio a um tiroteio, por gritos muito altos a plenos pulmões. Depois do operador de rádio vinham o operador de metralhadora pesada, sete atiradores, um paramédico, outro operador de metralhadora e, por fim, a segurança da retaguarda. Ao todo, uma quantidade bastante significativa de poder de fogo para uma pequena unidade de catorze homens.

Jim Varner, terceiro sargento, deu um passo à frente do grupo. Experiente marinheiro de esquadra, Varner era o mais graduado da classe.

— Todo mundo precisa prestar atenção ao sr. Mac — disse. — Se "sobreviver" à primeira saraivada de tiros, ele nos dirá para que lado seguir. Os instrutores lançarão simuladores de fumaça e granadas; portanto, ouçam os comandos do sr. Mac e observem seus sinais de mão e braço.

Marshall Lubin, o segurança da retaguarda, falou em voz alta:

— E não se esqueçam de retransmitir os comandos dele pela linha, para que eu não fique de fora!

Todos assentiram. Eles sabiam o que fazer. Se eu dissesse "Avançar", correríamos para a frente. Se dissesse "Mover para a esquerda", nos deslocaríamos para a esquerda. Numa emboscada, o mais importante era sair da área de destruição o mais rápido possível. Isso exigia que todos estivessem em sintonia. Se o comandante do pelotão não comunicasse sua intenção, se o pelotão não reagisse como um só corpo, se todos não atirassem na mesma direção, o desastre seria inevitável.

Depois de uma última verificação de nossas armas e adaptadores de munição de festim, entramos em formação e partimos. A névoa havia se dissipado na costa, mas uma brisa forte chicoteava o planalto. O cheiro acre de água salgada e o fedor pútrido dos ninhos de leões-marinhos encheram minhas narinas. Paramentado com um uniforme utilitário verde-escuro, um chapéu de abas largas, botas de lona próprias para a selva, um colete tático do tipo H carregado de munição e empunhando meu rifle M16, eu já me sentia um SEAL da Marinha.

Após cerca de quinze minutos patrulhando o planalto aberto, chegamos à trilha de terra que levava mato adentro. Fiz um gesto com a mão para sinalizar que o inimigo poderia estar na área. O sinal foi repassado ao longo da linha de homens. Sem saber de onde viria o ataque, eu ouvia atentamente, tentando identificar qualquer som que não soasse natural, e meus olhos disparavam para a frente e para trás, da esquerda para a direita.

Cada arbusto que se movia chamava minha atenção. Cada galho que crepitava sob nossos pés me levava a virar a cabeça. Cada sombra que o movimento do sol projetava me fazia ver homens que não estavam lá. Ou estavam?

Um fuzil de assalto M16 padrão tem uma pressão de três quilos no gatilho. Quando o atirador aperta a pequena alavanca de metal curvo, há um clique logo antes de o percussor se conectar com a espoleta do primeiro projétil. É apenas uma fração de segundo entre o acionamento do gatilho e a ignição do projétil — mas dá para ouvir.

— Emboscada à direita! Emboscada à direita! — gritou alguém.

Do matagal alto à minha direita, o ruído dos disparos de festim irrompeu em um rugido ensurdecedor. A emboscada tinha começado.

Simultaneamente, todos os homens do pelotão se lançaram ao chão e responderam em meio à grama alta ao fogo.

— Granada! Granada! — berrou outra voz.

Imediatamente à minha esquerda, bem ao lado do batedor, um simulador de granadas explodiu, primeiro um, depois outro, estrondeando em meus ouvidos com um efeito atordoante. No chão ao meu redor, meu pelotão continuou atirando, trocando os pentes de munição e esperando que eu desse a ordem para se movimentarem. Não conseguíamos contra-atacar através do mato; era espesso demais. Não podíamos nos mover para a direita; os instrutores haviam bloqueado nossa saída. Parecia que nossa única opção era um deslocamento para a esquerda a fim de tentarmos sair da zona de matança. Na minha mente, eu sabia que essa era a resposta clássica, típica do manual, *mas tive uma ideia melhor.*

Sem hesitar, enfiei outro pente no meu M16, saltei da minha posição de bruços e corri ao redor da borda esquerda da densa floresta, meneando a cabeça para o batedor quando passei às pressas por ele. Eu investiria de flanco contra os instrutores, contornaria o matagal, sairia por trás deles e contra-atacaria sozinho, surpreendendo-os com minha própria emboscada. *Isso seria sensacional.*

Feito um homem possuído, lancei-me com ímpeto pela fileira de arbustos, pulei algumas pedras pequenas e, sem enfrentar resistência, cheguei ao terreno elevado atrás dos instrutores. Mudando meu seletor para modo automático, puxei o gatilho e varri o corpo dos sete homens deitados atrás do mato alto. Avancei e continuei a disparar, metodicamente atirando em cada um dos homens com a munição de festim.

Nós tínhamos vencido!

— O que você pensa que está fazendo, sr. Mac? — gritou o instrutor Faketty, levantando-se de um salto do chão.

— Matando os inimigos. — Foi minha resposta rápida e orgulhosa.

Doc Jennings, um dos poucos homens-rãs negros da era do Vietnã, levantou-se de onde estava deitado e me lançou um olhar carregado de desdém.

— O senhor é um completo idiota! — disse ele, ou mais ou menos isso. — O senhor deixou seu pelotão na área de destruição. Seus homens sabiam o que o senhor estava fazendo?

De alguma forma, as coisas não estavam saindo como eu havia imaginado.

— Volte para o seu pelotão, sr. Mac — ordenou Jennings, em tom severo.

Eu pensava que a pior parte da minha bronca já tinha passado. Certamente o pelotão saberia reconhecer com gratidão minha agilidade de pensamento. Meus homens entenderiam o que eu estava tentando fazer. Eu tinha derrotado os instrutores. Isso deveria contar para alguma coisa.

— Senhor, o que você pensou que estava fazendo? — perguntou Varner, ecoando as palavras de Faketty.

— Nós não tínhamos ideia de onde o senhor se enfiou — comentou LeBlanc, entrando na conversa.

Eu rapidamente tentei me explicar:

— Olha, pessoal. Vi uma oportunidade de flanquear o inimigo e salvar o pelotão. Eu reagi.

— Ora, tudo bem, mas acontece que não tínhamos nem ideia do que o senhor estava fazendo ou de para onde estava indo.

Marshall Lubin se virou para participar do debate.

— É isso aí, cara. Achei que você estava fugindo do tiroteio.

— Não, não, não! O que é isso, pessoal? Parem com isso. Eu estava tentando salvar o pelotão!

— Senhor, com todo o respeito — disse Varner, um pouco menos cáustico agora. — Seu trabalho era nos tirar da área de destruição, comunicar sua intenção para que todos pudéssemos nos mover juntos e sobreviver.

Eu apenas fiz que sim com a cabeça, pois sabia que eles estavam certos.

As palavras de Jim Varner permaneceram comigo pelo resto da minha carreira. *Seu trabalho era nos tirar da área de destruição, comunicar sua intenção para que todos pudéssemos nos mover juntos e sobreviver.*

Não existe nada mais assustador, nenhuma crise mais intensa, do que se ver enredado em uma emboscada de verdade, que envolva munição e vidas em risco de verdade. Contudo, esteja você enfrentando uma ameaça existencial ou apenas um momento complicado em seus negócios, líderes de sucesso sabem que devem comunicar suas ações para seus liderados. Se você deseja que todas as pessoas de sua empresa ou organização se movam como um só, então faça o possível para a assegurar que até mesmo o liderado no nível mais baixo da hierarquia entenda sua intenção e siga suas instruções.

Na primeira página do *Manual do Ranger do Exército dos Estados Unidos* estão as ordens permanentes para os "Rangers de Rogers".

A tropa dos Rangers foi organizada em 1756 pelo major Robert Rogers, um hábil caçador, rastreador e soldado de New Hampshire. Ele recrutou nove companhias de colonos estadunidenses, as treinou para lutar na Guerra Franco-Indígena e escreveu dezenove "ordens permanentes" que todos os seus Rangers tinham que memorizar. Embora essas regras tenham mais de duzentos anos, são válidas até hoje, e todo Ranger do Exército moderno as sabe de cor e salteado. Há mais de dois séculos, elas vêm sendo seguidas à risca e ratificadas todos os dias pela cadeia de comando. A primeira forma de divulgá-las foi afixá-las em uma árvore; depois, ganhariam o formato de texto no *Manual dos Rangers,* e, agora, estão disponíveis na internet — todas as pessoas que usam uma insígnia Ranger entendem o que devem fazer no momento em que entram em ação.

Durante o período que passei no comando de uma Unidade Conjunta de Operações Especiais, tínhamos tropas estacionadas em bases nos quatro cantos do mundo. Às vezes, em um único dia, realizávamos seis teleconferências via vídeo; o que era uma maneira de assegurar constantemente que lideranças em atividade entendessem minhas ordens e, ao mesmo tempo, obter informações e impressões de soldados das patentes mais baixas.

Alguns anos depois, quando me tornei o comandante das Operações Especiais dos Estados Unidos, realizávamos rotineiramente reuniões gerais, transmitíamos ao vivo encontros com segmentos da população civil para dar informações e responder a perguntas, e divulgávamos uma gama de correspondências escritas. Além disso, dei ordens para que minhas "Intenções do Comandante", um documento contendo os valores e objetivos da organização, ficassem em exibição permanente em todos os escritórios e sobre todas as mesas de trabalho. Depois de me aposentar do serviço militar, levei a mesma filosofia de sempre comunicar tudo para o sistema de ensino da Universidade do Texas.

Todos entendem a importância de uma boa comunicação, mas é muito comum ver líderes deixando a desejar em matéria de garantir que suas metas, objetivos, valores e intenções sejam compreendidos com clareza pelos liderados. Comunicação é uma ferramenta que exige esforço constante de quem lidera. Não é algo que se possa deixar nas mãos de um único membro da equipe. É preciso se envolver de perto a fim de transmitir a mensagem com nitidez e obter o feedback necessário para fazer ajustes na estrutura quando necessário.

Mais cedo ou mais tarde, todo líder se vê emboscado por problemas. Pode ser uma crise, uma confusão, talvez um mero mal-entendido ou quem sabe até uma oportunidade. Apenas lembre-se do seguinte: se pretende realizar uma manobra agressiva, faça questão de tomar providências para que todos saibam que movimento você está fazendo: comunique-se, comunique-se e comunique-se.

É simples:

1. Estabeleça um meio para que as informações fluam bem em ambas as direções.
2. Confirme se os valores e as metas da empresa ou organização estão sendo compreendidos até mesmo pelo liderado no nível hierárquico mais baixo.
3. Nunca tome providências ou atitudes importantes sem ter um plano para informar seus liderados.

CAPÍTULO DEZESSEIS
Em caso de dúvida, sobrecarregue

Nada que valha a pena jamais acontece a alguém
a menos que seja resultado de trabalho árduo.
— BOOKER T. WASHINGTON, educador e líder afro-americano

A frente da tempestade se deslocava rapidamente, as nuvens escuras subiam bem acima do horizonte, as rajadas de vento açoitavam a vinte nós. O mar encapelado ao largo da ilha de San Clemente dificultava a localização dos obstáculos de concreto, alojados na areia três metros abaixo.

Em meio à névoa e à água do mar que fustigava minha máscara, avistei outro ouriço tcheco — um grande bloco de concreto de 1,20 por 1,20 metro com vigas de aço salientes — parcialmente submerso pela maré alta. Agarrando a mochila, mergulhei sob as vigas de aço embutidas no obstáculo e coloquei os explosivos junto ao concreto. O obstáculo era imenso e estava bem na rota do desembarque dos anfíbios. Se não fosse destruído, as embarcações de desembarque que transportavam os fuzileiros navais teriam que se desviar, e a operação seria abortada.

Como novo guarda-marinha da Equipe Onze de Demolição Subaquática, fui encarregado de comandar um pequeno time de 21 homens-rãs. Os controladores de exercícios da Marinha e dos Fuzileiros Navais espalharam dez ouriços tchecos ao longo do caminho da força de assalto anfíbio. Nosso trabalho era eliminar os obstáculos para o desembarque na praia. E, embora fosse apenas um exercício, era alto o potencial de ferimentos graves. Se uma embarcação de desembarque ficasse presa nas vigas de aço e não conseguisse manobrar para escapar da arrebentação, a possibilidade de soçobrar era concreta.

Antes do exercício, realizamos um planejamento detalhado para garantir que teríamos a quantidade certa de explosivos plásticos, a metragem exata do cordão de detonação, o número exato de espoletas de proximidade e detonadores e, como sempre, equipamentos de reserva suficientes. Desde a Segunda Guerra Mundial, homens-rãs da Marinha trabalhavam para limpar as praias do Pacífico e nos preparativos para os desembarques na Normandia. Curiosamente, os fundamentos dessa limpeza da praia não mudaram desde então. Uma equipe de homens-rãs entrava em uma embarcação de alta velocidade. A embarcação se aproximava da praia e os homens-rãs saltavam paralelos à beira-mar, em águas com cerca de 21 pés (seis metros) de profundidade. Usando uma lousa plástica, um marcador de cera e uma linha de profundidade, eles percorriam a nado a distância até a praia, submergindo ao longo do caminho para localizar os obstáculos.

Assim que chegavam à praias e voltavam, o barco de alta velocidade passava para pegá-los. De volta ao navio-mãe, o líder mapeava a localização dos obstáculos e planejava a quantidade correta de explosivos necessários para destruí-los. Esses cálculos eram precisos. Para cada ouriço tcheco, empregava-se uma mochila de nove quilos de C-4. Depois que todos os explosivos eram preparados, os homens-rãs entravam novamente no barco de alta velocidade, voltavam para a praia, prendiam os explosivos nos obstáculos e detonavam o C-4, abrindo caminho para os fuzileiros navais. Porém, quarenta anos limpando as praias, de Okinawa à Normandia, de Inchon ao Vietnã, ensinaram aos homens-rãs uma lição importantíssima: toda vez que estiver em dúvida com relação à quantidade de explosivos a serem usados, *sempre sobrecarregue*. Sempre empregue mais energia, mais força, mais potência na solução do que a princípio parecia necessário. Essa era a única maneira de garantir o sucesso diante da incerteza e da dúvida.

Cinco anos depois, fui transferido para uma equipe SEAL da Costa Leste e acabei sendo exonerado, dispensado de meu comando e despachado para outra equipe. Na época, tive a impressão de que a minha carreira havia chegado ao fim. Afinal, nunca é bom ser demitido, mas é ainda pior ser demitido da Marinha, e especialmente ruim ser dispensado das equipes SEAL, porque todo mundo sabe quem você é.

Felizmente, o comandante John Sandoz e o tenente-comandante Jon Wright, para quem trabalhei na Equipe Onze de Demolição Subaquática, acreditaram em mim e me deram outra chance em uma nova equipe SEAL. Eu sabia que segundas chances eram eventos escassos e distantes entre si, e que a única maneira de reconquistar o respeito de meus companheiros homens-rãs era trabalhar mais — mais e com mais afinco do que qualquer um acreditava ser necessário, mais e com mais afinco do que os cálculos exigiam, mais e com mais afinco do que os obstáculos em meu caminho. Se houvesse alguma dúvida quanto ao meu comprometimento, minha competência, meu profissionalismo, eu sobrecarregaria meu esforço em tudo o que fosse necessário para ter sucesso. Todos os dias o refrão *"na dúvida, sobrecarregue"* ecoava na minha cabeça. No que dizia respeito à minha determinação, eu jamais deixaria nada à mercê do acaso. No ano seguinte, eu completaria um bem-sucedido período de missões em uma equipe SEAL, reconquistaria o respeito de meus colegas SEAL e daria um novo gás à minha carreira.

Vinte e cinco anos mais tarde, porém, mais uma vez me vi em situação semelhante. Promovido a vice-almirante e tendo acabado de assumir as responsabilidades por um comando de Operações Especiais, vi a oportunidade de capturar várias das figuras-chave da rede terrorista Al-Qaeda que estávamos perseguindo. O único problema era que os combatentes da Al-Qaeda estavam escondidos em um país onde as operações terrestres eram proibidas por questões de sensibilidade política. No entanto, depois de meses apresentando meus argumentos e ideias à CIA, ao Pentágono, ao Departamento de Estado e à Casa Branca, recebi a aprovação para a missão. Fui avisado por vários colegas de que, se as coisas dessem errado, meu período no comando poderia acabar antes do esperado. Apesar disso, achei que as informações de inteligência que obteríamos com a captura desses homens valeriam o risco.

Infelizmente, em vez de capturar os cinco terroristas, os SEAL mobilizados na missão entraram em um feroz tiroteio com o inimigo, e a missão teve que ser abortada. Todos voltaram para casa em segurança, mas ficou evidente que meu plano e minha liderança na operação haviam fracassado. Nos dias seguintes, fui submetido a um pesado escrutínio sobre os resultados da nossa ação e, a certa altura, um oficial de alta patente comentou que "talvez McRaven seja o homem errado para esse trabalho". A dúvida se infiltrou na psique de meus superiores — dúvida sobre minha competência, dúvida sobre minha capacidade de liderança —, e rapidamente começou a se espalhar. Devo admitir: eu também comecei a ter dúvidas a meu respeito. Mas a experiência me ensinara que a única maneira de resolver essas dúvidas era trabalhar com mais esforço — *hora de sobrecarregar!*

Passei a acordar mais cedo e a trabalhar por mais tempo; participei de mais operações táticas, estudei incessantemente o campo de batalha e dormi muito menos; então, quando uma nova oportunidade surgiu, eu estava pronto. Trabalhar com afinco cria oportunidades. Simples assim. E, se, ao longo do caminho você tropeçar ou der um passo em falso, redobrar seus esforços invariavelmente abre novas oportunidades para o sucesso. Vez por outra, toda liderança falha e essas falhas podem criar dúvidas acerca de sua visão, seu plano, seu comprometimento, seu talento e seu comando. Lembre-se sempre: na dúvida, sobrecarregue.

É simples:

1. Trabalhe com afinco. É isso que todos esperam de líderes.
2. Trabalhe com ainda mais afinco. Faça mais do que o esperado e faça um esforço a mais. Isso inspirará seus liderados.
3. Sempre trabalhe com seu máximo afinco. Isso abrirá oportunidades que não existiam antes.

CAPÍTULO DEZESSETE

*Você consegue ficar diante
da grande mesa verde?*

Noventa e nove por cento de todos os fracassos
acontecem com pessoas que têm o hábito
de viver arranjando desculpas.

— GEORGE WASHINGTON CARVER, botânico, inventor,
cientista e agrônomo norte-americano

Em outubro de 1925, os Estados Unidos estavam obcecados pelo julgamento de um herói nacional, o general Billy Mitchell, na corte marcial. Piloto condecoradíssimo, detentor da segunda maior honraria nacional por bravura graças às suas façanhas em combates aéreos durante a Primeira Guerra Mundial, Mitchell era também um feroz defensor do poderio aéreo, acreditando que outro conflito de grande envergadura pairava no horizonte e que era necessário organizar uma força aérea unificada que rivalizasse com o Exército e a Marinha.

Mitchell era especialmente inflexível em sua opinião de que um único avião transportando bombas pesadas seria capaz de afundar um encouraçado. No entanto, as autoridades da Marinha e a Casa Branca, desprezando a eficácia dos aviões contra os navios, apresentaram uma proposta de construção de belonaves adicionais ao Congresso, defendendo essa posição com veemência. Para corroborar seu argumento, a Marinha orquestrou várias demonstrações da resistência e capacidade de sobrevivência dos encouraçados; porém, os exercícios foram manipulados a favor da Marinha, e Mitchell denunciou e desmascarou a manobra. Por fim, depois de insistir na realização de um teste legítimo, Mitchell provou, de maneira cabal, que o poder aéreo era capaz de dominar os mares e o solo. Ainda assim, as Forças Armadas combateram com unhas e dentes a ideia de uma força aérea unificada. Depois de acusar o alto comando do Exército e da Marinha de "administração quase traiçoeira da defesa nacional", Mitchell acabou sendo levado à corte marcial.

A corte marcial compunha-se de um júri de treze oficiais das Forças Armadas, com destaque para um jovem general de divisão chamado Douglas MacArthur. Entre os que testemunharam a favor de Mitchell estava a nata da realeza militar, incluindo o ás da Primeira Guerra Mundial Eddie Rickenbacker, o general Hap Arnold e o general Carl Spaatz — mais tarde, estes dois últimos oficiais passariam a encabeçar a Força Aérea dos Estados Unidos.

Ao longo do julgamento de sete semanas, Mitchell ficou diante da "grande mesa verde" de oficiais reunidos e apresentou seus argumentos. Em momento algum ele titubeou em sua posição de que tinha a obrigação moral, legal e ética de questionar a liderança do Exército e da Marinha. A guerra global era iminente, afirmou, e deixar de reconhecer o inevitável e de planejar a luta beirava a traição.

Apesar de todo o apoio que recebeu e de sua defesa ardorosa, Mitchell foi considerado culpado de todas as acusações. Do júri de treze membros, MacArthur foi o único oficial que votou pela absolvição. Ele declarou: "Um oficial de alta patente não deve ser silenciado por estar em desacordo com seus superiores em termos de posição e doutrina aceita."

Sete anos depois, um dos críticos de primeira hora de Mitchell, Franklin Delano Roosevelt, tornou-se seu mais ferrenho defensor. Em 1942, os céus da Alemanha estavam apinhados de bombardeiros estadunidenses e, em 1947, por meio de uma lei do Congresso, constituiu-se a Força Aérea dos Estados Unidos. A história registraria que Billy Mitchell se manteve firme e continuou de cabeça erguida mesmo diante de críticas fulminantes e ameaças de ter sua carreira destruída. Por conta de seu respaldo inabalável ao poder aéreo e sua posição íntegra acerca da necessidade de mobilização da aviação, o general Billy Mitchell seria para sempre conhecido como o "Pai da Força Aérea".

Decisões difíceis, com implicações graves, requerem reflexão cuidadosa. Ao longo da minha carreira, muitas vezes me vi diante de dilemas, dividido entre o que eu sabia ser o certo e o que os outros esperavam, ou o que era conveniente e oportuno. Nessas horas, eu sempre voltava à pergunta: *"Você é capaz de ficar de pé diante da grande mesa verde?"* Você é capaz de justificar para um grupo sensato, reunido para julgar suas decisões, que as ações que está tomando estão dentro dos padrões morais, legais e éticos e também de acordo com os princípios, metas e objetivos da organização? Se a resposta for "não", então é necessário repensar suas ações. Todavia, se você puder dizer honestamente que suas ações são justificadas, que pessoas sensatas as veriam como tal, então se aferre às suas convicções e faça as escolhas difíceis.

Em 2001, descobriu-se que a Corporação Enron, uma empresa de produção de energia e gestão de *commodities* em Houston, Texas, fraudava seus clientes de forma sistemática e intencional por meio de manobras contábeis. As consequências resultaram na prisão dos gestores, na dissolução da Enron e na derrocada de uma das maiores firmas de contabilidade do mundo. Em seu livro perspicaz, intitulado *The Smartest Guys in the Room: The Amazing Rise and Scandalous Fall of Enron* [Os caras mais espertos da sala: a incrível ascensão e a escandalosa queda da Enron], Bethany McLean e Peter Elkind apontam que vários funcionários do alto escalão da organização sabiam que havia algo de errado, mas, como a empresa estava faturando milhões de dólares, deixaram passar batido. Esses executivos racionalizaram suas ações de várias maneiras, e jamais questionaram a flagrante corrupção. No epílogo, os autores observam que, "Para começo de conversa, as racionalizações *a posteriori* [por parte dos executivos acusados] eram tremendamente semelhantes à mentalidade que provocou o desastre da Enron. Os argumentos eram estreitos e baseados em regras, legalistas no sentido minucioso da palavra". Em outras palavras, os líderes tentavam encontrar uma maneira de racionalizar o mau comportamento porque estavam ganhando rios de dinheiro.

Isso também pode ser dito a respeito de várias universidades que ampliaram e flexibilizaram as regras de seleção de estudantes-atletas, que fizeram vistas grossas em relação a denúncias de assédio sexual ou que concederam privilégios a doadores de grandes quantias de dinheiro. Eles se convenceram de que ganhar um campeonato nacional, um Prêmio Nobel ou uma polpuda doação traria mais recursos aos alunos e, portanto, que suas ações eram justificáveis.

A questão é que, mais cedo ou mais tarde, as ações de todo líder serão submetidas a escrutínio externo e interno. Para evitar os mesmo erros que arruínam tantas carreiras e instituições, três perguntas devem ser aplicadas a cada decisão e cada ação: *Essa medida é ética, legal e moral?*

Ética — Essa decisão ou ação segue as regras da instituição?

Legal — Essa decisão ou ação está dentro da lei?

Moral — Essa decisão ou ação corresponde ao que você sabe ser o certo?

Embora muitas pessoas talvez achem que saber o que é moralmente certo ou errado pode ser ambíguo, a verdade é que *não, não pode*. Ao conversar com subordinados e superiores que tomaram uma decisão ruim e precisaram arcar com as consequências, invariavelmente o que ouvi foi: "No fundo eu sabia que não estava certo, mas..." Acabaram encontrando uma maneira de justificar seus atos.

Em todos os meus anos exercendo papéis de liderança, descobri que, quando me vejo diante de uma decisão difícil ou complicada, quase sempre sei qual é a resposta certa. O xis da questão é que a resposta certa em geral é difícil de aceitar, e tomar decisões também é difícil, porque vivemos em comunidade. Tomar uma decisão difícil às vezes fará com que você perca amigos. As pessoas talvez fiquem com raiva de você. Pode ser que você perca ganhos a curto prazo. Você pode até ir parar na corte marcial. Mas, tendo em mente que, mais cedo ou mais tarde, você precisará prestar contas de suas ações, optar pelo que é moral, legal e ético provavelmente o deixará no lado certo da história.

É simples:

1. Certifique-se de que todas as suas decisões e ações sejam morais, legais e éticas.
2. Pergunte a si mesmo se pessoas sensatas interpretariam sua decisão ou ação como algo bom e decente.
3. Mais cedo ou mais tarde, a responsabilidade cairá sobre você. Sempre faça a coisa certa.

CAPÍTULO DEZOITO

Tenha sempre um companheiro de mergulho

> Muitas pessoas querem passear com
> você na limusine, mas você vai querer
> alguém disposto a pegar o ônibus ao
> seu lado se a limusine quebrar.
> — OPRAH WINFREY

O maior elogio que um homem-rã pode fazer a outro é chamá-lo de "companheiro de mergulho". É um termo simples, mas que transmite todos os aspectos sobre nosso modo de viver, nossa forma de lutar e, por vezes, a maneira como morremos.

Dezenas de metros debaixo d'água à noite, no breu, é o seu companheiro de mergulho quem está ao seu lado — sempre a postos para ceder um pouco de oxigênio se o seu acabar, para desemaranhar suas linhas se você se enroscar sob o casco de um navio e para afugentar visitantes indesejados.

Nos saltos de paraquedas, seu companheiro de mergulho é quem verifica seu aparato e equipamentos de segurança antes de você pular; é quem se assegura de que você acione a corda na altitude certa e quem aterrissa ao seu lado em território inimigo.

Nas patrulhas de combate, seu companheiro de mergulho é quem anda em seu flanco, cobrindo sua retaguarda. Seu companheiro de mergulho é quem estabelece uma unidade de artilharia para lhe dar cobertura enquanto você se movimenta nas manobras contra o inimigo. E, às vezes, é quem dá a própria vida pela sua.

No treinamento SEAL, aprendemos bem cedo que na verdade nunca se deve fazer nada, em nenhum momento, sem um companheiro de mergulho, sem alguém que possa nos tirar de uma enrascada. Seu companheiro de mergulho é mais do que uma parceria de mergulho: ele é sua proteção, sua consciência, seu amigo e, muitas vezes, sua tábua de salvação.

Desliguei a tela da videoconferência e me sentei em meio a um silêncio atordoado. Os médicos de Fort Bragg, na Carolina do Norte, tinham acabado de ligar para meu quartel-general em Bagram, no Afeganistão, para avisar que os resultados da minha biópsia óssea haviam acabado de chegar.

Câncer.

Os três médicos com quem conversei por vídeo me garantiram que era tratável: "Se uma pessoa está fadada a ter câncer, esse é o melhor tipo para ter." Mas que aquilo provavelmente colocaria fim à minha carreira como SEAL.

Depois de respirar fundo várias vezes para me recompor, saí da saleta e voltei para o meu escritório, mais adiante no corredor. À minha espera estava meu sargento-mor de comando, Chris Faris. Àquela altura, Faris estava comigo havia três anos e era meu braço direito. O problema da guerra é que ela complica todas as decisões. No papel de líder, vez e outra a gente se esforça para fazer o que é certo para a missão, para as tropas e de acordo com a nossa bússola moral. Faris sempre zelou para que as minhas três prioridades estivessem bem alinhadas.

— Almirante, meu caro almirante! Como estão as coisas hoje, senhor? — perguntou Faris, sorrindo ao me ver entrar.

— Tudo certo — respondi, com dificuldade em me concentrar.

— O senhor está bem? — perguntou Faris.

Ergui os olhos, que fitavam o chão.

— Sim, sim. Tudo bem.

Faris olhou de relance para meu imediato, o tenente-coronel Art Sellers, que estava sentado à escrivaninha de compensado no centro do escritório. Ele parecia preocupado. Sellers e Faris tinham um ótimo relacionamento. Aparentemente eram capazes de se comunicar por telepatia.

— Está bem, chefe. O que houve? — perguntou Faris.

Entrei em uma sala adjacente e Faris me seguiu.

— Acabei de sair de uma teleconferência com os médicos de Fort Bragg.

— E... — quis saber Faris, um tanto hesitante.

— E... eles me disseram que estou com câncer.

Faris ficou quieto.

— É grave?

— Bem, eles dizem que é tratável, mas me avisaram que preciso voltar para Bragg imediatamente e iniciar o tratamento.

Faris se sentou. Era visível que estava debatendo sobre como lidar com a notícia. Em uma hora dessas, você se compadece? Sente pena? Diz palavras de esperança?

— Ei, não esquente a cabeça, chefe. O senhor vai superar essa.

Faris olhou para o relógio na parede. Estava quase na hora da minha reunião matinal de operações e informações de inteligência, uma sessão de instruções que envolvia órgãos de comando do mundo inteiro.

— O senhor precisa se preparar para a reunião de operações e informações de inteligência. Vamos.

Eu não estava pronto para nada. Mas Faris insistiu. Posicionando-se bem na frente da minha mesa de trabalho, ele me olhou nos olhos e disse:

— Ainda temos uma missão a cumprir, e as pessoas contam com o senhor.

Não era o que eu queria ouvir. Eu queria que o sargento-mor fosse compreensivo. Queria que o mundo soubesse que eu estava sofrendo, que precisava do apoio de todos. Eu queria que alguém se compadecesse de mim.

— Senhor — disse Faris, em tom severidade. — Vamos.

Com relutância, eu me levantei da cadeira e caminhei pelo longo corredor em direção ao centro de comando.

Quando entrei na sala, todos se levantaram. Ocupei meu lugar no centro da mesa. Eu estava com dificuldade de manter o foco. Todos olhavam para mim à espera de algumas palavras iniciais.

Antes que eu pudesse falar, Faris pediu o relatório de incidentes da noite anterior. Quem foi ferido? Algum morto?

Enquanto o relato sobre os vários feridos era transmitido pela rede, Faris me lançou aquele olhar. A mesma expressão que eu já tinha visto centenas de vezes antes. Era o olhar que dizia: *Está escutando, almirante?*

Eu escutei.

Eu entendi.

Como é que meu diagnóstico de baixa gravidade poderia se comparar aos jovens que haviam sido baleados ou atingidos por um explosivo caseiro? Que motivos eu tinha para reclamar?

Eu estava no comando. *Faça a porra do seu trabalho!*

Faris perguntou sobre alguns dos feridos, depois passou o microfone para mim.

Em seu rosto surgiu um ligeiro sorriso de quem sabe das coisas. Ele tinha feito exatamente o que eu precisava que ele fizesse.

Era hora de eu cumprir meu dever.

No período em que Chris Faris e eu atuamos juntos, participamos de dezenas de missões de combate, estivemos envolvidos em operações extremamente delicadas e bem-sucedidas para resgatar reféns, invadir instalações e lançar ataques com mísseis. Nem todas as missões correram bem, e os fracassos com frequência tinham efeitos terríveis sobre meu estado de espírito. Às vezes, o peso do comando era esmagador, e, se não fosse pelo apoio inabalável de Faris — sua capacidade de ler meus pensamentos, de saber quando falar, quando me consolar, de saber quando me criticar com aspereza, quando brincar, quando pegar no meu pé e implicar comigo, de saber quando acompanhar meu raciocínio —, eu não teria exercido tão bem meu papel de comandante.

Após meu diagnóstico, Chris Faris me manteve focado no que era importante. Ele lamentava e se condoía nos momentos apropriados, mas nunca me deixou sentir pena de mim mesmo. Um exemplo claro de *amor exigente*, que é aquele tipo de amor do qual você precisa quando pensa que é a única pessoa no mundo que enfrenta problemas. O tipo de "chute no traseiro" que um bom companheiro de mergulho nunca hesita em dar, porque está com você para o que der e vier. Naquele ano, consegui controlar o câncer, minha carreira continuou nos trilhos e, com Chris Faris ao meu lado, nós planejamos e lançamos a missão que capturou Osama bin Laden.

Já conheci muitos presidentes e CEOs que acreditam que precisam ser fortes o suficiente sozinhos para suportar a pressão diária da liderança. Esse tipo de líder julga que demonstrar o menor sinal de fraqueza a qualquer pessoa dentro da organização prejudicará sua posição. E, embora eu tenha dito muitas vezes que líderes "não têm o direito de ter um dia ruim", isso diz respeito apenas ao seu comportamento em público. Pois, em público, perante os liderados, um líder nunca deve reclamar, jamais deve parecer derrotado ou abatido. Se fizer isso, sua atitude mal-humorada se alastrará feito um incêndio por toda a organização. No entanto, toda liderança tem dias ruins e precisa de alguém com quem conversar, alguém em quem possa confiar.

Companheiros de mergulho são absolutamente necessários. Podemos chamá-los de copilotos, imediatos, cúmplices, camaradas, amigos íntimos, unha e carne, Skipper e Gilligan da série

Ilha dos birutas, Thelma e Louise, Barney e Fred dos *Flinstones*, irmãos, irmãs, maridos, esposas, parceiros — chame-os do que quiser, mas, sem um bom companheiro de mergulho, você estará fadado a tomar decisões ruins, a ter de enfrentar sozinho as dificuldades da vida, a chafurdar de tempos em tempos na autopiedade, e nada do que você fizer lhe trará satisfação.

Todo homem-rã sabe que, nas águas turbulentas da vida, é preciso ter sempre um bom companheiro mergulhando ao seu lado.

É simples:

1. Encontre uma pessoa em quem possa confiar tacitamente. Esteja preparado para contar com essa pessoa em momentos de grande estresse.
2. Aceite com igual elegância tanto o apoio quanto as críticas.
3. Seja um companheiro de mergulho para os outros. Alguém por aí precisa de você!

CONCLUSÃO

Em seu romance best-seller *Portões de fogo*, Steven Pressfield conta a história da Batalha das Termópilas, ocorrida em 480 a.C. O Exército persa, formado por mais de 150 mil homens, sob o comando de Xerxes, o Grande, marchava sobre a Grécia — e a única coisa que se interpunha entre Xerxes e a destruição do mundo ocidental eram trezentos espartanos liderados pelo rei Leônidas.

Os espartanos defenderam a estreita passagem no desfiladeiro das Termópilas e, sob a liderança de Leônidas, resistiram aos persas por três dias antes de serem todos massacrados, com a exceção de um homem. Mas o efeito que isso teve sobre o Exército persa foi tão terrível que, no fim das contas, Xerxes recuou, para nunca mais voltar.

À medida que os persas batiam em retirada da Grécia, Xerxes mandou trazerem à sua presença o espartano sobrevivente. Gravemente ferido e exausto dos combates, o espartano se ergueu, em postura de afronta, diante do soberano persa. Xerxes queria saber por que razão os trezentos espartanos haviam lutado com tanto empenho. Por que sacrificaram tudo pelo tal Leônidas? O que havia no rei que o tornava um líder tão formidável?

E o espartano respondeu:

"Um rei não enfrenta o perigo estando dentro de sua tenda enquanto seus homens sangram e morrem no campo de batalha. Um rei não janta enquanto seus homens passam fome, nem dorme quando eles estão vigiando sobre o muro. Um rei não exige a lealdade de seus homens por meio do medo, tampouco a compra com ouro; ele ganha o amor deles por meio do próprio suor e dos sofrimentos de que padece em nome deles. Sendo aquele que se compromete com o mais penoso dos fardos, o rei é o primeiro a levantar e o último a se deitar. Um rei não exige o serviço daqueles que ele lidera, mas o fornece a eles..."

Embora *Portões de fogo* seja um relato fictício da batalha, não existe descrição mais precisa de liderança do que as derradeiras palavras do último espartano de Pressfield. Mas poucos de nós somos o rei Leônidas, e a maior parte dos nossos desafios de liderança não chegará ao nível de salvar o mundo ocidental. No entanto, esteja você rechaçando um exército invasor ou apenas chefiando uma pequena equipe de atendentes em um café, ainda assim, os mesmos princípios de liderança são aplicados.

Antes de mais nada, é necessário se esforçar para ser uma liderança íntegra; aja com honestidade, justiça, não minta, não engane, não trapaceie nem roube. Encontre um código moral que tenha especial significado ou importância para você: o Código de Honra de West Point, a Lei das Escoteiras, o Juramento de Hipócrates ou as escrituras da Bíblia cristã, do Alcorão ou da Bíblia hebraica. Adote um comportamento ético e tenha em mente que, mesmo quando cometer algum deslize ou der um passo em falso, você sempre poderá encontrar o caminho de volta para uma vida de honra. Entenda também que, sendo uma liderança íntegra, você está criando uma cultura forte para sua organização, pois qualquer cultura organizacional começa no topo. Se você mesmo não vive de acordo com os padrões de boa conduta, como pode esperar que os outros o façam?

Ser uma pessoa de caráter é o alicerce da liderança, mas isso por si só não é suficiente para o sucesso. Também é preciso ser competente. Quem tem bom caráter e competência ganha a confiança dos chefes, colegas e subordinados. Se confiarem em você, as pessoas vão segui-lo. Sem a confiança dos outros, você acaba só, tendo de atacar a colina ou defender o desfiladeiro sem ninguém ao seu lado.

Em um papel de liderança, você deve ter um pouquinho de altivez, uma convicção saudável de que é a pessoa certa para o trabalho. Sua autoconfiança incutirá nas outras pessoas a confiança de que elas são capazes de enfrentar os desafios, a confiança de que, sejam quais forem os obstáculos, você estará à altura de lidar com um problema e de fazer o que for preciso para norteá-las e comandá-las em direção ao sucesso. Mas não confunda confiança com prepotência. Seja humilde o suficiente para reconhecer o valor de cada membro da equipe e humilde o suficiente para buscar orientação e aconselhamento quando necessário. Ser confiante e humilde não são coisas mutuamente exclusivas.

Às vezes, exercer o papel de líder pode ser exaustivo. Imagine os médicos e enfermeiros na linha de frente da covid-19, ou os socorristas nas Torres Gêmeas, ou os jovens capitães do Exército em Ramadi, no Iraque, ou os membros das Equipes de Engajamento Feminino no Afeganistão. Os dias são longos, os riscos são altos, a pressão chega a ser insuportável. Parece que todo o fardo organizacional recai sobre seus ombros. É por isso que ser líder requer tanto vigor e resiliência. Uma liderança deve ser física, emocional e espiritualmente forte. Seus liderados se alimentarão dessa força. Quem lidera demonstrando fadiga, faz corpo mole ou empurra com a barriga na hora de resolver problemas, ou se esquiva das dificuldades, drena a energia dos liderados e prejudica toda a organização.

Os problemas estão no cerne da liderança: um exército desorganizado e inexperiente lutando contra os britânicos; uma união de Estados se dissolvendo; a frota imperial japonesa rondando sua porta; plataformas de petróleo explodindo; a interrupção da cadeia de suprimentos; responsáveis insatisfeitos com a escola; um time da liga infantil que nunca consegue vencer um jogo. Se você não é capaz de enfrentar os problemas difíceis, então não é uma boa liderança. A única maneira de *enfrentar* uma dificuldade é — como a própria palavra explicita — *encará-la de frente*. Não se equivoque, não se esquive do assunto, não o deixe nas mãos de alguém de nível hierárquico inferior: tome a iniciativa. Assuma a sua liderança e mergulhe de cabeça.

No fundo, todos nós admiramos quem corre riscos: treinadores que anunciam uma jogada ousada, investidores que apostam em ações de baixo valor ou generais que planejam um ataque destemido. Adoramos quando as probabilidades estão contra nós e, então, contrariamos todas as expectativas e damos a volta por cima. Queremos que nossos líderes assumam riscos porque sabemos que "quem não arrisca não petisca". Mas lembre-se sempre: existe uma diferença entre correr riscos e ser arrogante. Como líder, não deve haver descuido com o bem-estar de seus liderados, negligência com os recursos da organização nem imprudência com o futuro dela. Exponha-se aos riscos, mas sempre baseando-se em planejamento, preparação e execução adequados.

Todas as pessoas que alcançam sucesso em papéis de liderança dispõem de características pessoais que as colocam acima do lugar-comum. São indivíduos honrados e confiáveis; confiantes, mas humildes; têm vigor, resiliência, iniciativa e não temem correr riscos. Essas qualidades são a base de uma boa liderança, mas líderes eficientes também devem agir para atingir seus objetivos.

O padre John Jenkins, reitor da Universidade de Notre Dame, disse certa vez: "Que ninguém diga que sonhamos baixo demais." Grandes líderes jamais sonham baixo demais; na verdade, têm visões utópicas ousadas — o homem na lua, a erradicação da varíola, a igualdade social, o uso de energia sustentável, um novo modelo de negócios ou o time do ensino médio chegando à final do campeonato. Além disso, líderes devem ter uma base sólida, calcada em planejamento detalhado e trabalho árduo (não apenas na ilusória força do pensamento positivo).

Uma importante inferência desse planejamento é entender que nenhum plano é executado com perfeição. O acaso e a incerteza invariavelmente entram em jogo. Quer seu plano seja um empreendimento estratégico de grande envergadura ou um pequeno deslocamento tático, esteja sempre preparado para ajustá-lo às circunstâncias que se apresentarem. Tenha um plano B. E, muitas vezes, um plano C, D e E.

Toda visão, toda estratégia corporativa e todo plano grandioso devem identificar padrões de referência estabelecidos pela liderança para levar a organização à excelência. Seus liderados querem ter desafios, querem fazer parte de uma equipe excepcional com padrões exigentes, expectativas elevadas e metas ambiciosas. Todo mundo quer vencer.

Todos os grandes líderes com quem servi entendiam a necessidade de compartilhar as dificuldades com seus liderados. Não existe maneira mais rápida e mais eficaz de ganhar o respeito das tropas do que passar algum tempo no chão de fábrica, ou na sala de negociações, no depósito, na clínica ou na trincheira.

Ocupar um gabinete do mais alto escalão, a melhor sala da empresa, o escritório central, um escritório de canto ou o maior cubículo do andar pode levar você a acreditar que seu lugar está acima das pessoas a quem você serve. Não está. Qualquer que seja o espaço físico que você ocupe como líder, não permaneça nele por muito tempo: esteja ao lado dos liderados, onde quer que estejam. É isso que inspira apreço pelo trabalho realizado, permite uma melhor compreensão das dificuldades que enfrentam e oferece insights sobre como melhorar o andamento das coisas.

Seu trabalho como líder é garantir que a organização esteja funcionando da maneira mais eficiente possível, e isso significa supervisão contínua e apropriada. Subordinados resistirão, mas, se souberem que essa é a sua prioridade, que você participa das inspeções e que também é inspecionado, então aceitarão isso como uma iniciativa importante e valiosa para a instituição.

Por meio de todas essas etapas, a comunicação clara serve para sincronizar a força de trabalho de cima para baixo. Portanto, esteja você definindo a visão ideal, construindo a estratégia, desenvolvendo o planejamento ou inspecionando a fábrica, faça questão de sempre comunicar com todas as letras as suas metas, suas expectativas e, o mais importante, seu apreço. Funcionários podem gostar ou não da direção que você definiu para a organização, mas sempre ficarão gratos por saberem o que você está pensando e que rumo está tomando como líder.

Atribui-se a Thomas Jefferson a frase "quanto mais eu trabalho, mais sorte pareço ter". Eu diria que nenhum outro elemento no "kit de ferramentas" de líderes é tão valioso quanto o trabalho árduo, pois ele cria oportunidades. A liderança que trabalha com afinco é estimada e admirada pelos liderados. O trabalho árduo aumenta seu conhecimento, sua compreensão, sua empatia, sua argúcia e seu discernimento. O trabalho árduo superará suas falhas e deficiências. E, quando líderes cometem deslizes, nada é tão eficaz quanto trabalhar com afinco para consertar rapidamente o estrago.

Por definição, todo líder é responsável por alguma coisa. Se você é responsável por uma cafeteria, uma lanchonete, uma loja, uma escola, uma universidade, um escritório, um hospital, um banco de investimentos ou um órgão público, então você também é a pessoa a quem liderados, clientes, empregadores e reguladores responsabilizarão. Quem assina embaixo de tudo é você. Grandes líderes aceitam essa responsabilidade e prestam contas. Lembre-se sempre de que suas ações e decisões devem ser morais, legais e éticas.

Por fim, nenhuma liderança está imune às pressões do trabalho. Para sermos bem-sucedidos, todos nós precisamos de uma pessoa forte que possa nos levantar quando cairmos, que nos ajude a sacudir a poeira e nos incentive a seguir em frente; uma pessoa que nos diga a verdade, ofereça amor exigente, nos critique sem julgamentos e nos guie nos momentos difíceis. Por trás de cada líder existe uma grande parceria.

———

Em seu livro *It Worked for Me* [Funcionou comigo], Colin Powell conta a história de um velho general que está sentado no clube dos oficiais e é abordado por um jovem que acabou de ser alçado à patente de segundo-tenente do Exército. O general está em seu terceiro martíni quando o oficial subalterno cria coragem para se aproximar do superior. O general é muito cortês e, depois de jogarem conversa fora por alguns minutos, o tenente finalmente verbaliza a pergunta que estava morrendo de vontade de fazer:

— Senhor, como alguém se torna general?

— Bem, filho — responde o general —, você tem que fazer o seguinte: trabalhar feito um burro de carga e nunca parar de estudar. Treinar suas tropas à exaustão e tomar conta delas. Ser leal ao seu comandante e a seus soldados. Fazer o melhor que puder em cada missão e amar o Exército. Se dispor de bom grado a morrer pela missão e pelos seus subordinados e pronto, só isso.

— Uau, então é assim que uma pessoa chega ao posto de general? — responde o tenente.

— Não — esclarece o general. — É assim que se chega a primeiro-tenente. Aí você simplesmente continua repetindo tudo isso e mostrando a todo mundo o seu valor e do que você é capaz.

Ser líder é uma tarefa difícil e, depois de quarenta anos ocupando posições de liderança, sigo aprendendo a ser um líder melhor. Aprendo com meus alunos em sala de aula, com meus colegas de trabalho, com meus colegas membros das juntas e comissões, com minha família e amigos. Mas, tal e qual o conselho do velho general, a única coisa que sei sobre liderança é que você deve continuar fazendo o seu melhor todo santo dia e mostrar a todo mundo do que é capaz. E lembre-se sempre de que, embora liderar seja difícil, também é simples. Espero que a sabedoria desse velho *Bullfrog* tenha algum valor na sua jornada para se tornar um líder melhor.

A SABEDORIA DE HOMEM-RÃ

ANTES DA DESONRA, A MORTE
(Aja com integridade)

CONFIANÇA NÃO SE INVENTA
(Seja confiável)

QUANDO NO COMANDO, COMANDE
(Acredite em si)

TODOS TEMOS NOSSOS BONECOS DE SAPO
(Tenha um pouco de humildade)

O ÚNICO DIA FÁCIL FOI ONTEM
(Demonstre que você tem garra)

CORRA EM DIREÇÃO À AÇÃO
(Ao solucionar problemas, seja agressivo)

SUA SPONTE
(Incentive uma cultura de proatividade)

QUEM OUSA VENCE
(Seja capaz de assumir riscos)

A ESPERANÇA NÃO É UMA ESTRATÉGIA
(Faça o planejamento detalhado necessário para o sucesso)

NENHUM PLANO SOBREVIVE AO PRIMEIRO CONTATO COM O INIMIGO
(Tenha sempre um plano B)

VALE A PENA SER UM VENCEDOR
(Estabeleça padrões de conduta e desempenho)

UM PASTOR DEVE CHEIRAR COMO SUAS OVELHAS
(Passe tempo no "chão da fábrica")

INSPECIONE A TROPA
(Escute o que seus liderados têm a dizer)

SE HOUVER INSPEÇÃO, NÃO HAVERÁ DECEPÇÃO
(A qualidade do seu trabalho depende da qualidade da sua supervisão)

COMUNIQUE-SE, COMUNIQUE-SE, COMUNIQUE-SE
(Comunique suas ações)

EM CASO DE DÚVIDA, SOBRECARREGUE
(Trabalhe com afinco para superar suas falhas)

VOCÊ CONSEGUE FICAR DIANTE DA GRANDE MESA VERDE?
(Assuma a responsabilidade por todas as suas decisões e ações)

TENHA SEMPRE UM COMPANHEIRO DE MERGULHO
(Cultive uma parceria em sua jornada de liderança)

AGRADECIMENTOS

Gostaria de agradecer ao meu amigo Bob Barnett, que está sempre zelando pelos meus melhores interesses; ao meu editor Sean Desmond e à excelente equipe da Hachette Books por seu apoio constante.

1ª edição	AGOSTO DE 2023
impressão	CROMOSETE
papel de miolo	PÓLEN NATURAL 80G/M²
papel de capa	CARTÃO SUPREMO ALTA ALVURA 250G/M²
tipografia	ADOBE GARAMOND